考拉旅行　乐游全球

重磅旅游图书
《越南攻略》新装升级
一如既往带您畅游越南

越南攻略

旅游行家亲历亲拍！
超美越南热地大赏！

GUIDE

2020-2021
全彩超值版

《越南攻略》编辑部 编著

华夏出版社
HUAXIA PUBLISHING HOUSE

越南攻略

A 速度看越南！	…008
B 速度去越南！	…010
C 速度行越南！	…012
D 速度玩越南！	…014
E 速度玩越南！	…019
F 速度吃越南！	…024
G 速度买越南！	…030
H 速度游越南！	…036

还剑湖	054
玉山祠	055
圣若瑟教堂	056
河内歌剧院	057
水上木偶剧院	058
历史博物馆	059
白马寺	060
华庐监狱博物馆	061
Hang Da市场	062
妇女博物馆	063
Dong Xuan市场	064
越南艺廊	065
Cam Chi Food Street	065
Quan An Ngon	066
绿色棕榈艺廊	066
Cha Ca La Vong	067

Part.1 河内旧城区 …051

旧东门	052
36条古街纪念馆	053

Part.2 河内其他 …069

胡志明纪念堂	070
真武观	071
胡志明博物馆	072
胡志明故居	073
越南总督府	074
一柱寺	075
越南民族博物馆	076
文庙	077
越南国家美术馆	078
军事博物馆	079

河内西湖	080
镇国寺	081

Part.3 河内郊区 …083

Bat Trang制陶村	084
香料寺	085
库风国家公园	086
Van Phuc丝绸村	087
宁平镇	088
陆龙湾	089
La Mat养蛇村	089

Part.4 下龙湾 …091

下龙湾	092
吉婆岛	096
吉婆国家公园	097
摆渡龙湾	098
医院洞穴	099
Hoang Y	100
巴贝国家公园	100
维多利亚快车	101
沙巴恋爱市集	102
北河市集	103

Part.5 胡志明市 …105

西贡河	106
草禽园	107
西贡水上公园	108
中央邮局	109
人民委员会总部	110
统一府	111
钻石购物中心	112
圣母玛利亚天主堂	113
自由路	114
Caravelle旅馆	115
胡志明市立歌剧院	116

Continental旅馆	117	南部妇女博物馆	125
胡志明纪念馆	118	胡志明市博物馆	126
越南历史博物馆	119	观音寺	127
越南美术馆	120	福安会馆	128
西贡中央回教堂	121	觉林寺	129
滨城市场	121	天后庙	130
河粉2000	122	觉园寺	130
福隆咖啡堡	123	堤岸	131
Au Manoir De Khai	123	金边市场	132
玉皇殿	124	安东市场	132
战争遗迹博物馆	124	Pho Oso	133
马里阿曼印度庙	125	古芝地道	133

东巴市场	151
香河航行	152
顺化圣母玛利亚天后堂	153
地碟国立寺	153
永木隧道	153
卡森战斗营	153
宝库寺	153
屯安海滩	153

Part.7 岘港

···155

岘港大教堂	156
中国海滩	157
占婆雕刻博物馆	158
五行山	162
海云关	163

高台教大庙	134
耶稣山	135
龙海	136
头顿海滩	137

Part.6 顺化

···139

顺化堡垒	140
阅是堂	145
天姥寺	146
启定王陵	147
明命王陵	148
绍治王陵	149
嗣德王陵	149
王家艺术收藏博物馆	150
皇家斗兽场	150
巴马国家公园	150

Part.8 会安 ···165

会安古城老街	166
陈氏家祠	167
冯兴古宅	168
日本廊桥	168
福建会馆	169
海南会馆	170
川布街103号老屋	170
陶瓷贸易博物馆	171
历史文化博物馆	172
沙黄文化博物馆	172
福清寺	173
关公庙	173
古岱海滩	174

Part.9 大叻 ···177

美山占婆遗迹	175
大叻花园	178

大叻火车站	179
观音寺	180
大叻教堂	181
大叻电视塔	181
大叻市场	182
春香湖	183
情人谷	184
保大3号避暑行宫	185
浪平山	186
普涟瀑布	186
恒娥别墅	187
叹息湖	188
庞卡尔瀑布	189
胡志明小道	190
丹布里瀑布	190
吉仙国家公园	191

Part.10 芽庄 ⋯193

芽庄大教堂	194
龙山寺	195
芽庄本土市场	196
打鼓山宝塔	196
天依女神庙	197
芽庄海滩	198
芽庄岛	199
美奈海滩	200
普东水上乐园	200
占婆庙	201
保山常塔	201

Part.11 越南其他 ⋯203

羚岛	204
天道教教坛	205
永隆水上市场	206
丰田水上市场	206
街岚水上市场	207
川清保护区	207
富国岛	208
富国岛温泉	208
石山殿	208
安泰群岛	209
芒街	209

A 速度看越南！

VIETNAM HOW

1 概况

国土呈S形的越南全称越南社会主义共和国，历史悠久的越南是中南半岛上最重要的国家之一，现今更是东盟中发展最快的国家之一。这个融合了东方神秘色彩和法国浪漫风情的国家南北长1600公里，东西最窄处50公里，自古以来就与中国有割舍不断的联系，其丰富的旅游资源吸引了众多游人光顾。

2 印象

越南历史悠久，在这片国土上，既有拥有千年历史的古老皇城，也有颇具欧陆风情的西方建筑，更有反映越南人民英勇抗争历史的革命遗迹，每年数以百万计的游客从全球各地来到越南首都河内市、胡志明市、广宁省的下龙湾、古都顺化、芽庄、藩切、头顿等观光胜

地,观光之余,在城市的街头咖啡店喝上一杯口味浓郁的越南冰咖啡,也是一番别有风味的体验。

③ 地理

越南位于中南半岛东段,西部和柬埔寨、老挝接壤,北部与我国云南省、广西壮族自治区等相连。总面积约33万平方公里,其中大部分为山地和丘陵,北部地区的红河三角洲和东部的湄公河三角洲是最主要的粮食产地及经济中心。

④ 气候

越南为热带季风气候,全年温度较高,最高温度可达37℃,年平均降水量为1200~3000毫米。越南南北气温差异较大,北方分春、夏、秋、冬四季;南方则雨旱两季分明,大部分地区5—10月为雨季,11月一次年4月为旱季。

⑤ 区划

越南全国分为安江、北江、北件、薄辽、北宁、巴地头顿、槟椥、平定、平阳、平福、平顺、金瓯、高平、得乐、得农、奠边、同奈、同塔、嘉莱、河江、海阳、河南、河静、和平、后江、兴安、庆和、坚江、昆嵩、莱州、林同、谅山、老街、隆安、南定、义安、宁平、宁顺、富寿、富安、广平、广南、广义、广宁、广治、朔庄、山罗、西宁、太平、太原、清化、承天顺化、前江、茶荣、宣光、永隆、永富、安沛等58个省和芹苴、岘港、海防、河内、胡志明市等5个直辖市。

⑥ 人口、国花和国鸟

越南总人口为9600万人,国花为莲花,国鸟为橙胸叶鹎。

速度去越南!
VIETNAM HOW

❶ 办理签证申请

越南的签证分旅游、商务、长期商务等不同类别,有效期分别为1个月、3个月和半年等不同期限。此外,自2004年9月12日起,通过公路、铁路和水路进入越南境内的中国公民无需办理签证,只需要凭特别通行证就可由广宁、谅山、河江、高平、老街和莱州口岸进入越南境内观光。中国大陆公民赴越南观光旅游可以参加旅行社组织的团体旅游,也可以选择自由行个人游。越南签证申请手续非常简单,团体旅游签证可委托旅行社代办,个人赴越南旅游签证具体办理手续如下:

个人观光签证申请(个人游)	
申请资格	目前,只要有足够的经济能力进行家庭旅行或者个人旅行者,都可以申请个人观光签证。
所需证件	1. 至少留有两页空白签证页,剩余有效期超过6个月的个人护照正本 2. 2寸个人彩色近期证件照2张 3. 在签证处柜台领取签证申请表以及申请登记表3张,现场填写并粘贴照片 4. 暂住证原件及复印件(户口所在地不属于申请签证的领事馆管辖范围的)
越南驻中国使馆	越南驻中国大使馆:北京市朝阳区光华路32号,电话:010-65321155
所需费用	单次往返签证费25美元,3个月内多次往返签证费50美元。
领取证件	申请受理后,按照回执上标明的取证日期到指定部门领取证件。领取时应携带本人户口簿、居民身份证和回执,并在交付证件(签注)费用后取证。取证后一定要认真核对证件及签注的各项内容,防止出现差错。
注意事项	如果持有中国至第三国签证的游客需要通过越南机场转机,则无需申请越南签证。

*上述介绍仅供参考,具体申请手续以当地有关部门公布的规定为准。

越南推荐

外需要注意的是,由于越南货币管制严格,旅客出境的时候禁止携带大额越南货币,在离境前游客可在机场银行将身上剩余越南盾兑换成美元或人民币,防止不必要的麻烦。

❷ 出入境须知

　　中国游客赴越南观光旅行出入境时一定要据实申报所携带行李物品,不得走私、漏税、携带违禁物品或超过限量。中国海关规定每个出国游客最高可随身携带等值5000美元的现金,如果随身携带摄像机和变焦照相机必须依照海关规定申报。此外,自2004年9月12日起,通过公路、铁路和水路进入越南境内的中国公民无需办理签证,只需要凭特别通行证就可由广宁、谅山、河江、高平、老街和莱州口岸进入越南境内观光。

　　根据国际惯例,越南的边检部门有权审查进入该国境内的旅客,如拒绝旅客入境也不需说明理由。个别越南海关人员有时会故意拖延检查物品的时间索要贿赂,中国游客如果在越南入境时受阻,可选择向机场边防如实说明入境或过境事由,了解受阻原因。如果语言不通,可以要求对方提供翻译,在无法解决问题的时候可以联系我国驻越南大使馆,但一定要注意不要在看不懂的文书上签字。越南出境免税的物品有以下几项:香烟200支、雪茄烟50支、烟草250克、酒类1公升等。此

011

速度行越南！
VIETNAM HOW

1 航空

越南河内、岘港和胡志明市这三座大城市都建有大型国际机场，目前已经开通了和全世界20多个国家之间的对开航班，中国游客可以从我国的北京、上海、广州、昆明等城市乘航班直接飞往河内和胡志明市，非常便利。

越南国内航空线路比较发达，从首都河内和胡志明市都可以乘飞机前往各个旅游城市，但越南航空公司在售票时会针对外国游客贩卖比本地人贵一倍的高价票，而且河内与胡志明市机场还要收取机场税，对背包客来说乘航班游越南的性价比相当低，不推荐乘坐。

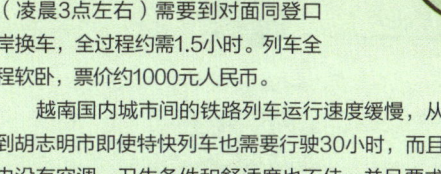

2 铁路

越南和我国接壤，铁路设施也与我国铁路连通，中国游客如果选择乘火车前往越南可乘坐每周四和周日从北京西站发往越南河内的列车，列车次日到达广西首府南宁，第三日到达河内，北京-南宁段为Z5/6次列车，南宁-凭祥段为T8701/8702次列车，越南段为M1/2次列车，在凭祥口岸过境（凌晨3点左右）需要到对面同登口岸换车，全过程约需1.5小时。列车全程软卧，票价约1000元人民币。

越南国内城市间的铁路列车运行速度缓慢，从河内到胡志明市即使特快列车也需要行驶30小时，而且车厢内没有空调，卫生条件和舒适度也不佳，并且要求外国游客购买高价车票，虽然列车会在岘港、顺化等旅游城市停靠，但并不推荐游客乘坐。

3 公路

我国的友谊关和越南的同登分别是两国开放的陆路口岸，游客可以在这里选择乘长途汽车进入越南境内，距离友谊关最近的中国城市是广西凭祥，越南城市则是同登，此外也可从南宁乘直达越南首都河内的国际长途汽车，全程大约7小时，在友谊关需要换乘越南车辆。

在中国广西东兴也可以从陆路直接前往越南的芒街，或从中国云南的河口穿过与越南老街之间的一座桥到达越南，过桥需要缴纳10000越南盾，从老街火车站也可换乘火车前往河内。

4 长途汽车

在越南境内旅行可以搭乘Open Tour的公共汽车，Open Tour是越南为发展旅游业设计出的一种非常方便旅行的巴士车票，从河内出发，中间经过顺化、会安、岘港、芽庄、大叻等站，终点站在胡志明市，全程票价大约35美元。游客乘坐Open Tour的公共汽车中途可以在任何一个城市下车参观游玩，然后在当地的办事处出示自己的车票，说明自己计划离开的时间和所住的旅馆，到时就会有车到旅馆门前接上乘客去下一站，非常方便。

D 速度玩越南！
VIETNAM HOW
10大人气好玩旅游热地

① 升龙水上木偶剧院

水上木偶戏是越南最具特色的传统民间舞台戏，也是世界上独一无二的木偶戏，这种表演可以追溯到1000多年前，是当时越南水上文化的体现。升龙水上木偶剧院是河内乃至世界上最有名的水上木偶剧场，其节目内容、表演者的技艺和戏台的精致程度都比其他剧院要出色许多。这里的木偶剧主要以越南农村的日常生活和各种传说故事为主，每场演出约1小时，有多种语言的节目单可以取来看，深受普通民众与游客们的欢迎。

② 顺化皇城

顺化曾是越南古代阮氏王朝的首都所在地，拥有很多历史悠久的古代建筑，其中顺化皇城作为当时王朝的统治中心而成为其中的经典。这座城池始建于嘉隆皇帝在位期间的1804年，由于是模仿中国紫禁城而建，故也被称为"微缩版的紫禁城"。皇城在美越战争中曾遭到轰炸，除了城楼外观完好外，其余地方都只剩下建筑或台基了，但是这里的气势仍然能够给人留下深刻的印象，是越南现存最大最完整的古建筑群。

③ 嘉隆陵

顺化皇陵是顺化新阮朝皇帝的陵墓群,六座陵墓分散在顺化以西、香江东西两边的山岭上,距离市区7~15公里,每座陵墓占据一至两个山头。每座陵墓都有几间大厅,陈列着这个皇帝生前常用和喜爱的器皿实物。其中最为壮观的就要数嘉隆陵了,嘉隆陵是越南阮世祖高皇帝阮福映与其妻宋氏兰合葬的陵墓。作为越南新阮朝的开国君主的陵墓,被认为是顺化皇陵的代表。

④ 下龙湾风景区

下龙湾是越南北方广宁省的一个海湾。根据越南的神话传说,很久以前有一条母龙降落在这个海湾,散落成无数的石岛屏障,挡住了汹涌的波涛,使这一带人民安居乐业,因此人们便把这个海湾称为"下龙湾"。风景区集中分布着3000多座石灰岩岛屿,形态各异,山水相连,烟波浩渺,令人叹为观止。随处可见的舢板、帆船以及众多划着船售卖物品的渔家商贩更让其乡土风情增色不少,最适合乘坐观光船游览,是游客们前来越南游玩的首选之地。

⑤ 占婆雕刻博物馆

占婆艺术起源于印度教，但越南的占婆雕刻独特之处在于更为注重面部表情的刻画。1915年，在法国远东研究院的支持下，这里兴建了占婆雕刻博物馆，经过两次扩建，形成了如今世界上最大的占族石雕艺术博物馆。这座半露天的博物馆为占巴建筑风格，共分为8个区域，按照不同的时间段展示了占婆时期的艺术精髓。馆内保存了黄平省至平定省一带出土的7~15世纪占婆石雕和陶雕，大大小小有近千件，件件都堪称艺术精品。

⑥ 海云关

越南第一天险——海云关位于岘港北面30公里的海边，是越南主要山脉长山支脉海云岭上的险要关口。因岭上经常白云缭绕，与蓝天沧海浑如一体，故名海云岭。19世纪上半叶阮朝明命年间，这里修了长达数十公里的盘山公路，并在岭上前后筑起了关门，前关门上刻有"海云关"三个大字，后关门上题有"天下第一雄关"六个大字。这里被美国国家地理杂志评为"一生中必须看一次的50个地方"之一，当地亦有"上一次海云峰，就等于上一次天堂"的说法。

⑦ 会安古城

会安古城是东南亚最古老的历史文化遗迹之一，整座会安古城按地区、种族划分为五个区，有福建会馆、广肇会馆、潮州会馆、琼府会馆和作为五帮会馆之首的中华会馆。会馆里分别供奉着妈祖、关公、伏波将军等塑像，终年香烟缭绕。古城大街上是各式各样结合了中、日、越风格的木造老宅，各国文化与建筑风格在此融合，闪现着会安曾经的辉煌。如今会安古城已被列入世界文化遗产保护名录，成为东南亚最古老的历史文化遗迹。

⑧ 美山遗址

被称为"越南的吴哥窟"的美山位于会安以西40公里，是越南规模最大的古占婆国宗教遗址。从1980年起，经过十多年的加固和修理，才使这个占族艺术遗产部分恢复了原貌，人们可以从这些残垣断壁中体会到当时占族建筑艺术的精华。虽然整个圣地十分破败，但还是能看出雕刻艺术的精美，表现歌舞场面的石雕连环画、多臂神、祭坛、神兽和各种动物等形形色色的石雕十分生动；没有使用任何黏合剂的砖瓦建筑技术和没有拱梁的屋顶结构也让人赞叹，实为一个奇迹。

⑨ 战争遗迹博物馆

　　战争遗迹博物馆位于曾经的美国情报局旧址，记载了越南近代历史上非常沉重的一页——越南战争。整个展览通过武器、战地照片、受害者战后生活图片及儿童绘画，并配以冷静的叙事性文字，简单却成功地再现出"战争罪行"，表现了越南人民所遭受的各种苦难。博物馆所在院子里停放着直升机、炸弹、坦克、战机等当年美军所使用的军备。即使对那段历史一无所知，通过参观这个战争遗迹博物馆，也会感受颇多。

⑩ 古芝地道

　　古芝地道位于胡志明市西北约70公里的古芝县，这里原本是法国殖民时期越南农兵挖的防卫地道，后来经过扩建和加长，成为越军第二十五师的地下本部，在越战中起到了非常大的作用，是那时候对抗美国侵略者最重要的基地。地道共分三层，全长200多公里，里面建有医院、会议室、休息室、作战室、粮库及军事陷阱等，功能十分完备。走在这纷繁复杂的地下世界里，有一种探索迷宫的感觉。

速度玩越南！

VIETNAM HOW

10大无料主题 迷人之选

越南推荐

① 三十六行街

三十六行街是河内古街的缩影，位于还剑湖北部的老城区内。这里曾经是河内主要的商业街，也称河内36街坊。事实上36街坊并非有36条街，而只是象征性数字。据说过去来自各地的人们到河内谋生，为了生意方便而聚集起来，渐渐形成不同的行业街，进而汇集成著名的36街坊。如今的古街发生了一些变化，酒店、画廊、时装店、时尚餐厅和酒吧纷纷开进了不同的街区。此外几乎每条街上都能找到很有特色的工艺品店，可以淘到不少特色纪念品。

② 巴亭广场

巴亭广场是河内的中心，位于还剑湖西北，长320米，宽近100米。宽24米的雄王大道贯通广场，地面除贯通路段外由168块小草坪组成，可容纳20万人。为纪念越南人民的抗法斗争，越南"八月革命"胜利后遂以越南最早爆发抗法运动的地方"巴亭"为此广场命名。这里也是胡志明主席宣读《独立宣言》宣布越南独立的地方，既有天安门广场的影子，又有莫斯科红场的味道。

③ 河内大教堂

河内大教堂又名圣若瑟大教堂，是河内最古老的教堂，建于1886年，是由两位彩券商所赞助兴建的，是河内最具代表性的法式建筑。它的造型仿照巴黎圣母院，属于新哥特风格，两侧高大的钟楼令人仰视。走进教堂，白色的主色调为这里增添了不少庄严肃穆的气氛，内部装饰繁复的主坛、彩绘玻璃窗，以及方形的塔楼，都很有看头。教堂对面的街道里还聚集了很多咖啡馆，逛累了可以坐下来悠闲地品品咖啡。

④ 圣母玛利亚天主堂

圣母玛利亚天主堂位于胡志明市的中心地带，是胡志明市天主教总教区的主教堂，也是胡志明市的标志性建筑之一。这座教堂建于1877年至1883年间，两座40米高的钟楼是仿照巴黎圣母院而设计的，所有的原材料皆来自法国，外墙的红砖来自马赛，历经一百多年之久，丝毫没有褪色，所以这个教堂也被称作红教堂。在教堂前伫立着一座重达4吨的圣母玛利亚雕像，是1945年罗马教会所赠。每周日教堂内还有英文弥撒，有兴趣的游客可以前去感受。

⑤ Cai Rang水上市场

芹苴市著名的Cai Rang水上市场，是湄公河三角洲最大的水上市场。祖祖辈辈生活在湄公河上的人们每天都驾着船运输、买卖货物，大船、小船、手划船、机帆船，木制的、铝制的、铁制的，应有尽有。游客们可以看到一艘艘摆满果蔬和生猛海鲜的船只在水里行进，水上餐馆也是这里的一处风景，坐在一艘艘小船中品尝着鲜美的鱼虾，真是一种独特的享受。

越南推荐

⑥ 河内西湖

　　河内西湖是河内最大的湖泊，乃红河河水冲积而成，这里湖中有湖，湖湖相连，湖内及周边分布着不少寺庙、公园和其他景点。其在越南的影响力与我国的杭州西湖差不多，享有"河内最美的风景区"美誉。历史上西湖早在李朝定都河内（旧称升龙）时就已成为河内著名的游览胜地，有"剑湖烟水西湖月"之说。西湖的夜景也十分美丽，各色梦幻的灯光将这里渲染得五彩缤纷，如梦似幻。

⑦ 觉林寺

　　胡志明市第一名刹——觉林寺建于1744年，是胡志明市最古老的寺庙。不仅是越南南部的佛教徒信仰中心，也是当地的佛学机构，更在1998年被评为越南的国家历史文化遗迹。这座古寺有着鲜明的中国明清建筑风格，造型典雅大方，充满着凝重幽静的感觉。寺院里的佛像既有越南民族风格的罗汉像，也有深受中国古代艺术风格影响的佛像。不论是整体建筑还是细节雕刻都充满神奇的魅力和令人探究的秘密，值得好好欣赏一番。

⑧ 美拖

美拖是距胡志明市约70公里的一个小镇，湄公河流经这里时，分成了九条河流奔向大海，因此又得名九龙江。流经美托的湄公河上散落着4个小岛，分别是龙岛、凤岛、龟岛、麟岛。岛上的生活简朴宁静，以盛产水果而闻名。游客们可以乘观光船游览湄公河，沿途岛上有许多果园，漫步热带果园中可享用美味的水果大餐。在槟知一带，可以改乘划桨式的小船，沿着森林中的水道，体验热带丛林的气氛。著名的电影《青木瓜之味》和《情人》都曾在此取景拍摄。

⑨ 美奈

美奈（Mui Ne）是位于越南东南部平顺省美奈半岛上的一个渔村小镇，这里是世界上唯一海与沙漠共存的城市。这里有长约50公里的绵长海滩，拥有越南唯一一处沙漠地形，宁静的原始渔村、惊险刺激的风帆冲浪运动、壮美的白沙丘红沙丘、神奇的仙女溪，以及众多不同档次的旅游度假屋，使这里成为越南著名的一处滨海旅游区。作为一个渔村，其餐饮主要以海鲜为主，食材新鲜，烹饪水平也非常不错。

⑩ 沙巴

　　沙巴（SAPA）属越南老街省，地处中越两国交界处的山区，是越南国内海拔最高的城市。这里虽然融合了京族、瑶族、壮族、汉族、傣族等少数民族，却因为在法国殖民时期被开辟为避暑胜地而形成了欧式小镇，至今镇内依旧保存了许多当年法国人遗留下来的洋楼，这些浓缩了欧陆经典特色的建筑与满街缠着深蓝色头布的黑苗人、戴着红色头饰的红瑶人等行人奇妙地融合在一起，堪称一绝，被称为"越南的丽江"。城填在云雾之中时隐时现，在瑰丽的景色映衬下，仿若人间仙境。

速度吃越南！
VIETNAM HOW

10大人气魅力平民餐馆

① Banh Tom Ho Tay 西湖虾饼

在河内西湖与竹帛湖的分界Thanh Nien街上有一家闻名已久的虾饼店——河西虾饼店。其特色虾饼是以面粉加红薯丝为主要原材料，掺上适量的水搅拌均匀后倒入模中，最后再在每个模中放上几个新鲜的虾用油煎脆。其饼香味扑鼻，就着切成片的木瓜或红萝卜凉拌酸菜吃，味美无比，百吃不厌。

Quan An Ngon

　　Quan An Ngon（安贡馆）是河内市最有名的越式餐厅，目前在河内有三个分店。这家餐厅装饰得古色古香，汇集了越南各地的特色美食，其招牌菜甘蔗虾、西湖虾饼、三色冰、碟仔粿、越式烧烤、蒸粉卷蘸鱼露等越式传统小吃都极受欢迎。每当夜幕降临，还会点起几十盏煤油灯营造气氛。在这里可以饱尝越南特色小吃，价格也比较公道，是越南本地人首推的餐馆。

Cha Ca La Vong

　　炙鱼脍是河内有名的家传风味小吃，Cha Ca La Vong（吕望炙鱼脍）从1871年开始营业至今已经传承了五代人，有150年的历史，堪称越南最老的餐厅，其名气大到所在的街道都以"炙鱼脍街"来命名，在河内几乎是无人不晓。炙鱼脍是把鱼去骨去刺切成片，用调味品稍腌制，夹在竹夹里放在炭火上烤。吃时，食客面前摆一个小火炉，把已烤好的鱼片放在小锅里炒热，配着五香炒花生、烘面皮、米线及小茴香/葱/香菜等蘸虾酱，还有柠檬汁配辣椒，十分可口。

④ PHO24河粉店

越南推荐

越南河粉是享誉世界的知名小吃,越南各地都有很多大大小小的河粉店,其中最著名的还是要数PHO24这家店。PHO24河粉店是越南分店最多的连锁河粉店,其绿色标识几乎达到无处不见的地步。每个店的河粉制作与店面装修都是标准化的,环境干净整洁,服务也相对专业。其河粉品种齐全,还有鲜榨果汁。特别值得一提的是他家的鸡蛋河粉,准确地说里面的鸡蛋还是鸡卵,据说有人一口气吃了十几个鸡卵,这真不是吹牛哦。

Highlands Coffee

　　Highlands Coffee是胡志明市一家有名的连锁咖啡厅，走的是国际化路线，因此比较受外国游客欢迎，有"越南星巴克"之称。如今在市内已经开有多家分店，游人在游览的途中走累了随处都能找到它小歇一会。Highlands Coffee在装修上以灯笼式的灯光以及舒服的沙发来营造一种慵懒的氛围，现代时尚又富有典雅情调。这里除了特色咖啡饮品外，也有三明治、米粉、套餐等。客人可以在这里一边品尝富有越南特色的咖啡，一边谈天说地，或者窝在柔软的沙发里享受免费的WIFI，感受越南的小资时光。

⑥ Au Manoir De Khai

越南被法国殖民者统治多年,因此也传承了最正宗的法国大餐。位于胡志明市的Au Manoir De Khai就是越南小有名气的五星级法国餐馆。这家餐馆位于一座建于20世纪初的法国旧楼中,周围的环境清幽,内部的装饰十分豪华,充满了欧洲风情,让人感觉十分浪漫。这里的大厨也都是从法国请来的,无论食物的造型还是口感都有较高的水平,和在法国吃到的大餐别无二致,让人们不必千里迢迢赶去巴黎,也能吃到好吃的法国菜,仿佛置身于巴黎。特别推荐的特色菜有冰砖伏特加、鹅肝牛肉洋葱汤、雪葩等。

⑦ Pho Oso

Pho Oso是胡志明市一家规模不大但拥有40多年历史的河粉老店,在40多年里,该店只卖用不同部位的牛肉做成的河粉,形成了该店的特色。店铺装修别致,墙上挂满旧照片,见证着这家老店的发展。餐馆的就餐环境很舒适,主营的牛肉河粉更是美味可口,且价钱不贵,其"不好吃不用给钱"的广告语更是令人印象深刻。除了牛肉河粉以外,如今Pho Oso还提供扎肉、糕点等以适应不同顾客的口味。不仅当地人喜欢在这里就餐,很多游客也是慕名而来,绝对不可错过。

⑧ Blue Ginger

Blue Ginger是胡志明市最有名气的越南餐厅,其前身是一个记者俱乐部,后由胡志明市的刊物《Saigon Times》创办为一家特色越南餐厅,还曾被选为当地最佳越南餐厅。如今已在世界各地开设了数家分店,有不少明星经常光顾,其中包括美国前总统克林顿。店内环境相当雅致,有室内餐厅,也有露天花园,搭配古雅的越式摆设,还有自己的吧台。晚上7点左右,更有穿着传统越南服装的歌手演出,客人可以在进餐时体会传统的越南文化,绝对是一种独特的享受和体验。

⑨ Temple Club

Temple Club是胡志明市一家著名的餐厅,据说是由一座寺庙改建而成,因美国影星布拉德·皮特和安吉丽娜·朱莉曾在2006年光临过该店而声名大噪。Temple Club的装修非常讲究,里面摆放着各种古董和艺术品,无论摆设、桌椅、窗户还是地板都充满了20世纪三四十年代的越南风情。餐厅在食物方面也花了不少心思,精致的食物造型和美妙的菜肴味道令客人留下了深刻的印象。推荐菜有焦糖汁煎鱼块、椰子虾、春卷等。因为生意太好,游客们就餐最好提前预订。

⑩ 幸福姐海鲜大排档

位于岘港市山茶区美溪海滩北段海鲜排档一条街的幸福姐海鲜大排档是当地人最热爱的大排档,虽然海滩附近有许多大排档,但这一家是价格最为公道的。这里还有中文菜单,且明码标价,不用担心被宰。海鲜食材相当新鲜,基本原汁原味,碳烤石斑鱼、清蒸龙虾、香梅炒蟹、蒸青龙等特色菜色香味美。老板娘的笑容也是这家店的一大特色,热情得让人无法抗拒。

速度买越南！
VIETNAM HOW
特色伴手好礼带回家

① 奥黛

　　奥黛是越南的传统服装，按越南语直译是"长衫"的意思，是由越南北部妇女传统的"四身服"演变而来。随着时间的推移，其样式不断改进，逐渐发展到不同的地区、不同的对象分别有了不同的样式。比如，河内市、顺化市、胡志明市的旗袍，就具有各自的地方特色。与此同时，旗袍式的女学生服、女职员服、女演员服、女婚礼服、女礼宴服等，都因着装者的年龄、职业的差别和不同场合的需要，而分别具有其明快、突出的个性色彩，成为越南一道独特亮丽的风景线，而且因其浓郁地道的越南风格逐渐成为国际友人喜爱的越南文化纪念品。如今越南境内很多地方都有定制奥黛的裁缝店，游客可以量身定做属于自己的独特奥黛，十分有纪念意义。

② 斗笠

　　越南的竹笠是用草和竹子编成的，质轻、透气、防晒又防雨，非常适宜低纬多雨的气候。它最大的特征就是圆锥状的造型，是越南广大妇女喜爱的装饰品和遮阳工具，如今已经成为越南的标志之一。据史书记载，早在13世纪，斗笠就已成为越南陈朝宫廷贵妃的装饰品。当时的斗笠造型很简单，并给人以笨重的感觉。岁月流逝，世事沧桑，斗笠逐渐得到改进和发展，变得越来越轻便、灵秀和典雅，各地区的斗笠也往往独具特色，算得上是比较有代表性的纪念品。

③ 拖鞋

越南推荐

越南是世界四大橡胶出口国之一，在越南特产当中比较特殊的东西之一就是橡胶拖鞋。这种拖鞋外形与国内的塑料拖鞋一样，但却是纯橡胶做的，虽然外观不算美，但绝对舒服且价格便宜，其柔软、耐磨、养脚等优点引来好多回头客，每个游客都会买上几双。在越南潮湿闷热的天气里可以说是最合适的了，去海边马上就可以派上用场。

④ 木雕

越南的木雕工艺品久负盛名，大多选用越南中部西原地区或邻国老挝、柬埔寨原始森林中出产的优质硬木作原料，造型大多比较中国化，有福禄寿三星、关公、观音、弥勒佛、达摩、龙、马、越南少女、西方宗教人像和一些装饰牌匾，另有一些实用的筷子、筷子盒、牙签罐、镜子、首饰盒一类的小东西。小至饰物，大至半人高或一人高的雕像都有，价格从几元到几千元人民币不等。有的刀法有力，形象粗犷豪放；有的刀法细腻，形象栩栩如生。值得一提的是，选择檀香木、楠木或其他一些带香味的木料刻制的木雕时，最好不要上漆的，这样香气才能散发出来，抚摸日久会愈加光滑。这些木雕工艺品在河内和胡志明市的工艺品商店一般都能买到。

⑤ 磨漆画

　　磨漆画是越南的国画、国宝级艺术品，是越南在世界艺术舞台上一块闪亮的标志，具有浓郁的越南民族风格。其制作工艺复杂，制作要求严格，使用越南硬木作画板，用越南特有的磨漆作颜料，经过艺术家千万次的打磨、雕琢而成，融汇了各种材料的天然色彩，将黑、红、黄、白糅合成美妙曼丽的画面，呈现出一种独属东方艺术的含蓄美感。成品画作具有耐磨、光泽好、风格古朴等特点，多以山水、人物等题材为内容，是越南旅游馈赠佳品。

⑥ 咖啡

　　越南是全球咖啡产出第二大国，中原咖啡公司是越南国内第一大咖啡公司，G7咖啡是公司最有名的一个咖啡品牌。其传承了法国烘培工艺手法，而且100年的咖啡文化造就了越南本土独特的咖啡口味，每粒咖啡豆都来自越南高原最好的咖啡区，用特殊奶油烘焙而成，奶香较浓，口感粗犷而又浪漫，不仔细品尝甚至都尝不出来是速溶咖啡，跟现煮的味道差不多，很适合亚洲人群的口味。

⑦ 越南排糖

越南排糖虽然叫糖，但其实并不是普通的糖果。其最里层是上等腰果、花生，香脆可口；第二层是香甜奶油，口感甜而不腻；第三层是脆皮，与腰果的脆交相辉映；最外面一层是越南本地椰蓉丝，保存了椰肉的精华，口感独特，可谓是层层有惊喜！整颗糖全部由手工制作，既有了糖的甜，还拥有花生的香脆，椰蓉的清甜，外嫩里脆，香甜不腻，实在是老少皆宜的佳品，是如今最热销的越南食品。

⑧ 越南综合蔬果干

越南是具有水果优势的国家，拥有丰富的热带水果资源。越南综合蔬果干就是近年来研究开发的一种果蔬风味食品，是以多种新鲜水果、蔬菜为原料，在真空低温状态下瞬间油炸而成的一种果蔬方便食品。它保持了蔬菜水果原来的色、香、味，不含人工合成添加剂，富含维生素和多种矿物质，酥脆可口，老少皆宜，被食品界誉为"二十一世纪的天然食品"和"太空食品"。因具有低脂肪、低热量、高纤维、携带方便、保存期长等特点，在市场上广受欢迎。

9 玳瑁

越南南方河仙省沿海一带渔业很发达，特别是浅海一带盛产玳瑁。玳瑁属龟类，可以用来制作饰品或者标本。玳瑁的背甲是有机宝石，常被拿来制作戒指、项链、手链、眼镜框等装饰品，十分具有越南特色。在下龙、海防等越南的沿海城市可以很容易地买到玳瑁标本，价格也都十分实惠，绝对是值得购买的一种纪念品。

⑩ 香水

越南推荐

越南自古出产大量天然香料,又曾是法国的殖民地,因此闻名世界的法国香水的香料就来源于这里,同时法国人也把香水的制造工艺和技术带到了越南。热带丛林中丰富的香料和法国的制造工艺,历经上百年的积淀,造就了独特的越南香水,它被誉为"越南三宝"之一。这里生产的香水无论是包装、香味还是品种等各方面都不比法国香水逊色,且价格低廉,性价比很高。

速度游越南！

VIETNAM HOW

7天6夜计划书

DAY 1

💛 清晨 到达河内

上午 河内旧东门 → 还剑湖 → 玉山祠 → 圣若瑟教堂 → 水上木偶剧院 → 白马寺

历史悠久的河内原名升龙，这座古城原本共有16道城门，其中隐匿在古老街巷中的东门遗留至今，这座有1000多年历史的城门以简洁的线条

和朴实的建造工艺而闻名。清澈透明的还剑湖是河内众多湖泊中最著名的一处，湖畔修建了古寺、佛塔等，颇有中国江南园林的风采。地处还剑湖畔玉山岛上的玉山祠前身是黎朝太祖的钓鱼台，之后建有关帝庙，现今则供奉着吕洞宾、关帝、文昌帝君等道教神祇和越南名将陈兴道的塑像。建于法国殖民时期的圣若瑟教堂外观仿照巴黎圣母院，是一幢庄严肃穆的新哥特风格建筑。水上木偶剧院是世界上独一无二的木偶剧表演场所，这里的木偶剧主要以越南农村的日常生活和各种传说故事为主，木偶动作逼真，是越南文化的重要体现。白马寺是河内历史最悠久的寺庙之一，寺庙内有一尊著名的白马雕像，被当地人当做灵验的神祇而供奉。

下午 胡志明纪念堂 → 真武观 → 胡志明博物馆 → 胡志明故居 → 越南总督府 → 一柱寺 → 文庙 → 河内西湖

建于1975年的胡志明纪念堂是为了纪念越南的国父胡志明而建，纪念堂大厅正中摆放着胡志明的遗体供人瞻仰，花岗岩墙壁上镌刻着胡志明的名言："没有什么比独立、自由更可贵了。"真武观建于1000多年前黎朝太祖在位期间，主要供奉道教的玄天真武大帝，正殿内安放有一尊高3.7米、重达4吨、用黑铜制造的真武大帝铜像。胡志明博物馆是越南最重要的博物馆之一，馆内展示有胡志明主席和越南共产党早期革命斗争中留下的各种文物和资料，可从中了解越南革命的艰辛历程。胡志明故居是一幢两层的高脚小木屋，胡志明于1958-1969年就居住在这里，现今这里的家具、陈设依旧维持着原来的模样。越南总督府的前身是法国殖民期间的总督府，现今则是越南国家主席官邸，其外观典雅，充满浪漫的欧洲风情。一柱寺又名延佑寺，整个建筑都建在一根直径1.25米的巨大柱子上，是河内最具特色的寺庙。河内文庙与中国文庙一样，供奉孔子。作为东南亚首屈一指的文庙，其建筑结构颇具中国特色，大成殿上悬挂的"万世师表"匾额据说是乾隆皇帝御笔亲书。河内西湖是河内最大的湖泊，湖畔风景优美，越南历朝帝王将相都热衷于在这里兴建别墅住宅，被誉为河内最美风景区。

夜晚 Cam Chi Food Street

在河内观光之余，不要忘记品尝河内的美味小吃。作为河内最著名的美食街，Cam Chi Food Street是外来游客最常去的地方，可品尝各种越南经典小吃。

037

DAY 2

上午 越南民族博物馆 → Van Phuc丝绸村

越南民族博物馆于1997年对公众开放，馆内收藏、展示有大量越南少数民族的服饰、乐器、婚丧用品、祭祀用品和日常所用的各种工具，是越南数一数二的反映少数民族文化的博物馆。地处河内西南部的Van Phuc丝绸村以纺织和丝绸而闻名，是越南最著名的手工艺村落，在集市上可以买到各种色彩华丽的丝绸布料。

下午 陆龙湾

陆龙湾是一处新开发的海湾景区，也称"三古"，在越南语中是"三个洞窟"的意思，它与四周形态各异的石头相映成趣，因其别具特色的风光被称为陆上下龙湾，散发着无穷的魅力。

DAY 3

上午 下龙湾 → 天宫洞 → 木头洞 → 惊讶洞

　　下龙湾内共有3000多个大小岛屿和礁石，分东、西、南三个部分，由于其地貌很像中国的桂林，因而又被誉为"海上桂林"，是越南最著名的自然风景区之一。天宫洞具有典型的喀斯特地貌特点，千姿百态的石柱、石笋、石钟乳无不令人印象深刻，是下龙湾最不容错过的自然景观之一。木头洞是下龙湾规模最大的洞窟，传说这里是越南名将陈兴道击退蒙古战船的地方，现今依旧有很多木桩遗迹。惊讶洞是下龙湾最美丽的石灰岩洞，洞内空间宽广，到处都是形形色色的石钟乳、石笋、石柱。

下午 吉婆国家公园 → 摆渡龙湾

　　吉婆国家公园位于下龙湾的吉婆岛上,岛上有大面积的原始森林,除了欣赏迷人的自然风光外,还可以参观岛上古老的石器时代遗址。下龙湾的西部又被称为摆渡龙湾,有溶洞、沙滩、森林等原始景点,游客可以乘帆船游览观光。

上午 顺化堡垒 → 天姥寺 → 王家艺术收藏博物馆

顺化堡垒曾经是越南古代阮氏王朝的王宫，其建筑格局仿照中国的紫禁城，各种宫殿、亭台楼榭都十分奢华，是当时越南的行政中心。建于阮氏王朝时期的天姥寺是越南最著名的古刹之一，其前身是占婆古国的宝塔群，一直被历代统治者奉为圣地。王家艺术收藏博物馆是一座三层楼的建筑，曾经是阮朝弘宗的行宫，收藏、展示着有150多年历史的彩绘玻璃，象征王权的青铜器皿，各种做工精细的陶器、珐琅器、象牙制品、服饰等越南王室的艺术珍品。

下午 启定王陵 → 明命王陵 → 绍治王陵 → 嗣德王陵

　　启定王陵是阮弘宗阮福昶的陵墓，也称应陵，其陵墓依山而建，建筑风格融入大量欧洲元素，别具特色。建于1840年的明命王陵也称孝陵，是阮圣祖阮福晈的陵墓，其布局以中间的大红门为主轴，形成了长约700米的中轴线，各种建筑、石人石马等依次排列两侧，左右对称，墓区则位于王陵的最后方。绍治王陵规模较小，因其主人阮宪祖阮福暶在位时间短，并没有大肆建造陵墓，其形制与明命王陵很相似，现存的断壁残垣充满厚重的历史古韵。嗣德王陵也称谦陵，是阮翼宗阮福时的陵墓，陵园内亭台楼阁、小桥流水随处可见，宛如一座雅致的江南园林。

夜晚 乘船夜游香河

　　香河是顺化最美的地方之一，夜晚乘船在江中顺流而下，沿途两岸各种高楼大厦鳞次栉比，绚丽的灯光更是将香河染成五颜六色，仿佛天堂一般令人目眩神迷。

上午 会安古城老街 → 陈氏家祠 → 海南会馆 → 川布街103号老屋

　　会安是越南最重要的海港城市之一，漫步在古城老街上，沿街两侧的木结构老屋风格古朴，充满厚重的历史感。建于1802年的陈氏祠堂是当地的华侨后裔陈思乐所建，其建筑充满中式传统建筑特色，同时在细节处融入大量日式建筑特色，是会安古城内一处知名的华人宗族祠堂。海南会馆建于1875年，在正殿中供奉有1851年被官兵抢劫杀死的108名海南商人的牌位，当地华裔商人尊其为海上保护神，每次出海前都会来这里烧香祈求平安。会安古城川布街的103号老屋外观古朴，屋内除了出售各种旅游观光纪念品外，还有当地妇女现场制作精美的丝质提灯。

下午 冯兴古宅 → 日本廊桥 → 陶瓷贸易博物馆 → 沙黄文化博物馆

　　已有200多年历史的冯兴古宅是会安历史最悠久的建筑之一，其建筑风格别具特色，屋顶使用日式交叉柱，窗户则是标准的中式通风窗，其余部分是越南传统风格。日本廊桥本名来远桥，设计精巧的日本廊桥同时结合了桥和寺庙的作用，内部还经常举办一些艺术展览，是会安日式建筑的精品。历史上会安曾经是海上丝绸之路的重镇，当时中国、日本、泰国、越南等地的商人都在这里交易各种陶器和瓷器，现今古城内的陶瓷贸易博物馆就展示有430多件各国的陶瓷制品，堪称是一座艺术品宝库。兴起于公元前1世纪的沙黄文化是越南最古老的人类文明之一，沙黄文化博物馆内展示有大量沙黄人制作的铁器和陪葬用品，此外也有大量来自周边国家的文物。

上午 岘港大教堂 → 占婆雕刻博物馆 → 中国海滩

　　岘港大教堂被誉为越南最漂亮的教堂,其建筑外观通体粉红色,因教堂尖顶上立有一只信风鸡,又被称为雄鸡教堂,是一座风格独特的哥特式教堂。岘港曾经是占婆王国的首都所在地,法国人修建的占婆雕刻博物馆内收藏、展示有300多件珍贵的占婆文化藏品。以蔚蓝大海和洁白沙滩闻名的岘港海滩在越战期间曾经是美军的疗养基地,被美国人称为中国海滩,可远眺海天一色的美丽风光,或是潜入海水中尽情嬉戏。

越南推荐

下午 胡志明市统一府 → 圣母玛利亚天主堂 → 中央邮局 → 人民委员会总部

　　胡志明市统一府是南越政权统治时期的总统府所在地,越南统一后这里就成为著名的观光景点。外墙用红砖砌成的圣母玛利亚天主堂是胡志明市最重要的教堂之一,教堂前还有一座高大的圣母塑像,是胡志明市最热门的婚纱拍摄地。由法国人在19世纪末期修建的中央邮局是胡志明市的标志性建筑之一,大厅尽头悬挂的巨大的胡志明画像更是各国游客争相留影纪念的地方。由法国设计师在19世纪末设计建造的人民委员会总部是胡志明市法式建筑的标志,这座华丽的洛可可式建筑白墙红顶,远望过去,仿佛一座华丽的宫殿。

夜晚 自由路

　　自由路是胡志明市最著名的商业街区之一,这条街上汇集了胡志明市最多的法式建筑,入夜后灯光璀璨,游人购物之余还可在街边的咖啡厅小憩片刻,欣赏这里浓郁的欧陆风情。

047

DAY 7

上午 胡志明纪念馆 → 西贡中央回教堂 → 滨城市场 → 钻石购物中心

　　西贡码头附近的胡志明纪念馆前身是一幢建于1862年的法国海运公司越南总公司，因屋顶上装饰的两条龙雕像又被称为龙屋，现今被辟为胡志明纪念馆，展示有大量与胡志明相关的文物和资料。西贡中央回教堂的绿色外墙和金色圆顶在周围民居中非常显眼，大门朝向麦加的方向，是当地伊斯兰教徒的信仰中心。滨城市场经营各种吃的用的，是胡志明市规模最大的集贸市场，入夜后更是热闹非凡。钻石购物中心由两座分别为15层和22层的大楼组成，各种世界知名品牌的商品都可以在这里买到，是胡志明市首屈一指的大商场。

下午 胡志明市博物馆 → 西贡河 → 堤岸 → 观音寺 → 安东市场

越南推荐

胡志明市博物馆的前身是法国人修建的嘉隆宫，曾经是南越政权重要的政治中心，现今被辟为博物馆，展示有大量越南人民抵抗外国侵略者的文物和资料，最详尽地记录了越南当时的历史。从东部贯穿整个胡志明市的西贡河发源于柬埔寨，是胡志明市的母亲河，乘船游览可欣赏沿岸的现代化建筑和迷人风光。堤岸是胡志明市最大的华人聚居区，拥有大量中国风情浓郁的建筑，曾经是胡志明市最繁华的区域。建于19世纪初的观音寺是堤岸地区最著名的一座寺庙，寺内供奉有观音菩萨，墙壁上用瓷砖拼贴着大量神话故事的图案。安东市场是胡志明市著名的购物休闲景点，经营海鲜、传统服装、手工艺品及各种旅游纪念品，是中国游客在胡志明市首选的购物街。

夜晚

起程踏上归途。

049

越南
攻略HOW

Part.1
河内旧城区

　　河内位于越南北部，地处红河与苏沥江的交汇之处、红河三角洲的西北部，地理位置十分重要。古称升龙，曾为越南封建王朝的京城，距今已经有1000多年历史，被誉为"千年文物之地"。如今是越南的首都，也是越南第二大城市和经济中心、政治中心。庆幸的是，老城区被保留了下来，城内历史文物丰富，名胜古迹遍布，游客可以看到古代王朝的王宫、法国殖民时期的各种欧式建筑、越南解放后的革命遗迹等景点。

河内旧城区 特别看点！

第1名！
旧东门！

100分！

★ 彰显古朴风韵！升龙古城唯一留存的遗址！

第2名！
36条古街纪念馆！

90分！

★ 最具特色的风情街区！堪称河内古街的缩影！

第3名！
还剑湖！

75分！

★ 河内最著名的湖泊！具有中国南方园林的风采！

---

01 旧东门 100分！
升龙古城的遗址 ★★★★ 赏

Tips
Hang Chieu和Dao Duy Tu交会处

河内原名升龙，古城共有16道城门，现存的城门虽然大多早已不复存在，但东门却遗留至今，隐匿在古老的河内街巷中。作为升龙古城唯一留存的遗址，东门是原有的16道城门中朴实无华的一座，简洁的线条和朴实的建造工艺将这座有1000多年历史的老城门的古朴风韵尽显无遗，吸引了众多游人专程前来观光，从中一窥当年升龙城的灿烂和辉煌。

02 36条古街纪念馆 90分!

了解升龙古城36条古街

★★★★ 赏

Tips
🏠 87 Ma May　¥ 5000越南盾

还剑湖北侧的36条古街是河内最具特色的风情街区，曾经是古城各行各业手工艺人居住生活的街巷。在36条古街纪念馆内，游人可以了解36条古街的相关历史，而纪念馆本身也是建于19世纪末的越南老屋，可深入其中，了解当时手工艺人的日常生活。

河内旧城区

03 还剑湖 75分!

最具人文内涵的景点 ★★★★ 赏

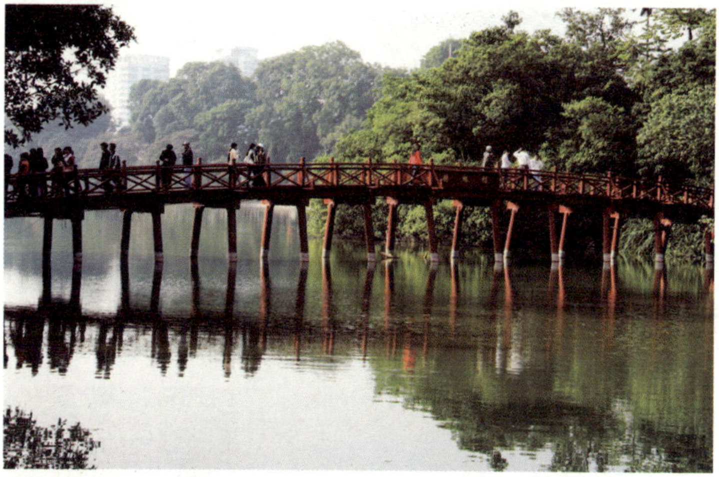

Tips
South of Old Quarter

还剑湖是河内众多湖泊中最著名的一处，据说黎朝的开创者黎利曾经在这片湖泊中寻得一对宝剑，后来他仗剑打下江山，再次巡游此湖时，宝剑被乌龟叼去，所以这里就被称作还剑湖。这片湖泊湖水清澈透明，四周风光秀丽，有古寺、佛塔等建筑，颇具中国南方园林的风采，是难得一见的佳景。

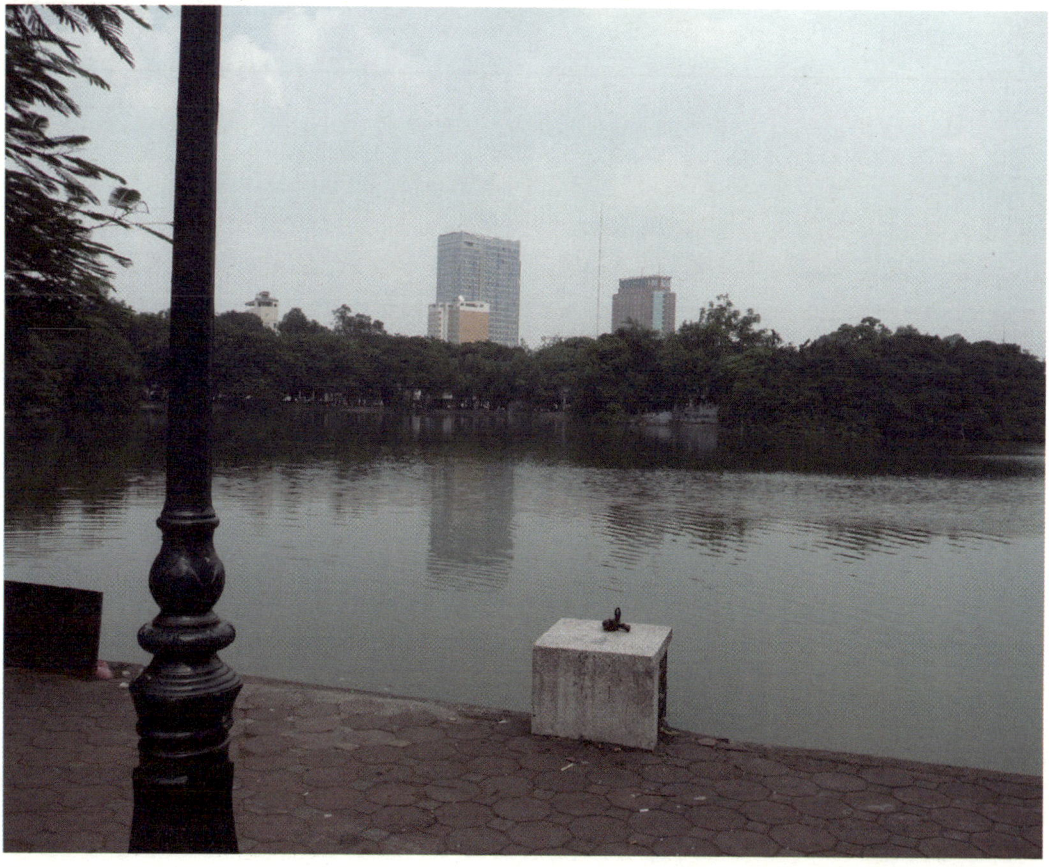

04 玉山祠
供奉越南名将的祠堂

★★★★ 赏

Tips
🏠 Jade Mountain Temple　¥ 2000越南盾

玉山祠位于还剑湖畔的玉山岛上，通过一座40多米长的太鼓桥和湖岸相连。这里原本是黎朝太祖的钓鱼台，后来建起了关帝庙等建筑。如今这里除了供奉有吕洞宾、关帝、文昌帝君等道教神祇外，还特别供奉着越南名将陈兴道的塑像。陈兴道是越南历史上最著名的军事家，他曾经击败了入侵的蒙古军队，使得越南成为少数几个未被纳入其版图的亚洲国家。他在当地享有崇高威望，人们认为他可以驱除恶灵、保佑妇人平安生产等。

越南攻略　河内旧城区

055

05 圣若瑟教堂

仿照巴黎圣母院的教堂 ★★★★ 赏

Tips
📍 Pho Nha Tho

　　圣若瑟教堂是法国殖民时期修建的大教堂,它的造型仿照巴黎圣母院,属于新哥特风格,两侧高大的钟楼令人仰视。走进教堂,白色的主色调为这里增添了不少庄严肃穆的气氛,而窗户上由彩色玻璃拼贴出的漂亮画面也很有特色。每当这里举行弥撒时,大教堂的大门都会敞开,里面的唱诗声会传出很远。

06 河内歌剧院

仿照巴黎歌剧院建造的艺术中心 ★★★★ 赏

　　河内歌剧院也是法国殖民时期的著名建筑物之一，是仿照世界闻名的巴黎歌剧院的样子建造的。柯林斯式的大圆石柱，巴洛克风格的装饰物，一切都让人觉得好像身处欧洲一般。除了外观上吸引人外，这座歌剧院的设施也十分完备，尤其是音响效果十分出色，在这里可以举办各种音乐会，演出各种歌剧和音乐剧，不少世界著名的音乐家和音乐团体都在这里登台表演过。

Tips
　Pho Trang Tien　04-38254312

07 | 水上木偶剧院

极具特色的木偶表演场所 ★★★★

Tips
📍 57 Dinh Tien Hoang ☎ 04-8249494 ¥ 20000越南盾

　　水上木偶剧院是世界上独一无二的木偶剧表演场所，这种表演可以追溯到1000多年前，是当时越南水上文化的体现。这种水上木偶剧院大多建在一个长方形水池上，演出者就在这水深及腰的池里工作，他们利用2米多长的木棍和丝线操纵木偶，让这些木偶做出一个个生动的动作，同时他们还会借助水的浮力，让木偶的动作显得更为逼真。这里的木偶剧主要以越南农村的日常生活和各种传说故事为主，深受普通民众的欢迎。

08 历史博物馆
多种文化交融的象征

Tips
🏠 1 Pho Pham Ngu Lao ¥ 15000越南盾

历史博物馆是河内最宏伟的建筑之一，这座融合了越南、中国、欧洲等多种建筑风格的大楼是越南过去多种文化交融的象征。馆内陈列着越南古代各个王朝的重要历史文件、精美的艺术品，其中包括用汉字书写的古代越南国王的诏书和朝廷公文，还有各种样式精美的家具等，将越南曾经的强盛历史展示无遗。

越南攻略 | 河内旧城区

09 白马寺

河内历史最悠久的寺庙之一

Tips
🏠 Pho Hang Buom & Pho Hang Giay

白马寺是河内历史最悠久的寺庙之一，它地处河内的老城区内，是曾经的中国城的一部分。寺庙周围都是普通的民居，让这里显得平淡无奇，但是寺庙前那些精美的浮雕装饰还是彰显出这里不一般的气象。走进寺庙，就能见到这里著名的白马雕像，据说当年就是因为这匹白马才找到了这处建寺的地址，所以白马也被当作灵验的神祇而被当地人所崇拜。

10 华庐监狱博物馆

由监狱改建而来的博物馆

★★★★ 赏

Tips
🏠 1 Pho Hoa Lo ☎ 04-38246358 ¥ 5000越南盾

越南攻略

河内旧城区

华庐监狱博物馆是法国在越南殖民时期关押犯人用的监狱的一部分。目前监狱的旧时样子基本保存完好，主要分两个部分。第一部分是介绍法国在越南殖民时期所犯下的累累罪行，展出了不少当时使用的刑具，让人看了不禁毛骨悚然；第二部分则介绍了越战期间关押在这里的美军战俘的情况，包括战俘们在这里的生活情况等历史资料。

061

11 Hang Da市场

旧城区著名市场之一

Hang Da市场位于河内旧城区的西南部,规模比起北面的东双市场来要小很多,但是热闹程度却有过之而无不及。在市场的前部有不少档次比较高的小店,主要出售一些进口货和干货,是当地人主要的购物目标。此外,这里还有不少经营陶瓷小工艺品的小贩,他们出售的货品价格便宜,深受外来游客的追捧。

Tips
West of Hoan Kiem Lake ☎ 04-38257104

12 妇女博物馆
展示越南妇女的方方面面

★★★★ 赏

妇女博物馆是河内一家颇具特色的博物馆，自1995年对外开放以来，就一直深受当地人与外国游客的喜爱。这里分为越南母亲、历史女性人物、妇女协会、越南各少数民族妇女四个主题，展示越南妇女的生活情况和她们为越南社会建设作出的巨大贡献。博物馆内重塑了乡村食堂、地下会议室等过去的场景，里面的妇女形象各个鲜活生动，让人印象深刻。同时这里还特别展出了越南各个少数民族的服饰，很吸引人。

Tips
🏠 36 Pho Ly Thuong Kiet　¥ 2000越南盾

越南攻略 | 河内旧城区

13 Dong Xuan市场

河内旧城区最热闹的市场

Tips
- Pho Dong Xuan
- 04-38261746

Dong Xuan市场是位于河内旧城区中心的著名市场，它地处还剑湖以北，地理位置十分优越，是河内人经常逛的地方，也是河内最古老、最大的菜市场。市场分两层，有数百家商铺在这里经营。一楼有很多卖果脯蜜饯的摊位，使用越南新鲜水果腌制出来的蜜饯味甜香浓，是外国游客最喜欢的特产。二楼则出售各种布料，花纹和质量均属上乘，而且价格也很便宜，如果有机会可以买一点馈赠亲友。

14 越南艺廊
艺术爱好者的交流场所 ★★★★ 赏

地处河内旧城区36街的越南艺廊隐匿在一处历史悠久的三层建筑之中，四周种植着大量青翠的树木。馆内展示有大量油画、写真和雕刻品，同时还经常不定期举办各种主题的演讲会、文化交流会等主题活动，为艺术爱好者提供了一个绝佳的交流场所。

Tips
📍 30 Hang Than　☎ 04-39272349

15 Cam Chi Food Street
汇集越南美食的美食街 ★★★★ 吃

Cam Chi街是河内最著名的美食街，这里靠近河内火车站，交通十分便利，同时还汇集了河内各种经典小吃和美食，是河内的外来游客最常去的地方。这里排列着很多经营海鲜的大排档、出售各种传统越南小吃的小饭馆等等，人们大可随便找一家店铺进去，点上一些招牌菜，大快朵颐一番。要是不过瘾，就去下一家，直到肚子再也容纳不下为止。如果胃口够大，说不定真能在这里尝遍越南美食。

Tips
📍 Hanoi Train Station

16 Quan An Ngon

河内最著名的美食餐厅

★★★★★ 吃

Tips
📍 15 Pho Phan Boi Chau

如果在河内说到吃,肯定所有人都会向你推荐Quan An Ngon美食餐厅。Quan An Ngon在越南语中是"好吃"的意思,顾名思义,这家餐厅有很多好吃的越南美食,只要从这里经过,那扑鼻的香味就能立刻勾起你肚子里的馋虫。这里的三色冰、炸虾饼、碟仔糕、越式烧烤、蒸粉卷蘸鱼露等传统小吃都极受欢迎,让人吃了还想吃。

17 绿色棕榈艺廊

荟萃河内众多顶级艺术家的作品

★★★★ 赏

由河内著名艺术评论员Tran Thanh Ha创办的绿色棕榈艺廊堪称河内顶尖的私人艺廊,艺廊内收藏的艺术品全都是河内顶级艺术家的作品,据说凡是价值不高的作品这间艺廊都不会考虑收入,因而荟萃了众多珍贵作品的这间艺廊吸引了大量艺术爱好者专门前来光顾。

Tips

📍 110 Hang Gai ☎ 91-3218496

18 Cha Ca La Vong

传承百年的美味餐厅

★★★★ 吃

Tips
Hanoi Train Station

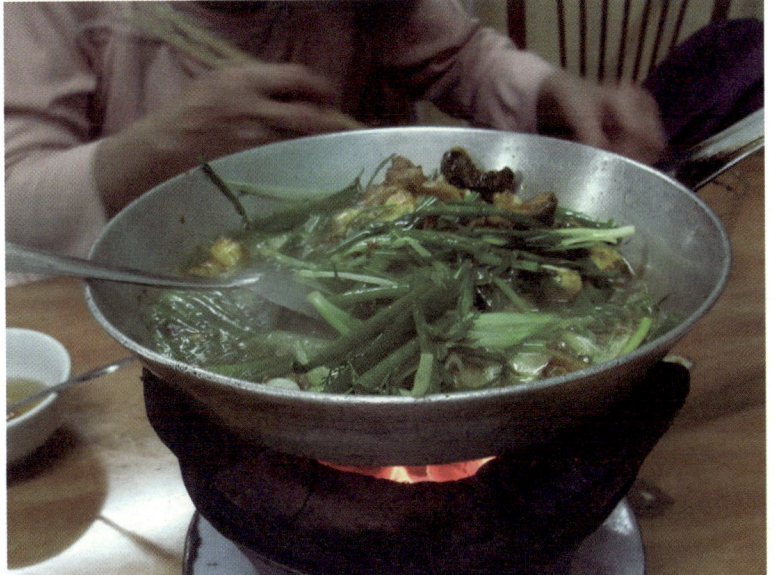

Cha Ca La Vong餐厅地处河内旧城区中心，从外表看，这家餐厅相当不起眼，小小的门面让人很容易就错过这家已经传承了五代的河内知名家庭美食餐厅。这家店从1871年开始营业，至今已经有150年的历史，影响力大到所在的大街也跟着它改名叫Cha Ca街。餐厅有鲜美多汁的鳢鱼锅和各式鱼类料理，不仅品类繁多，而且美味可口，颇受食客好评，是观光之余不可错过的地方。

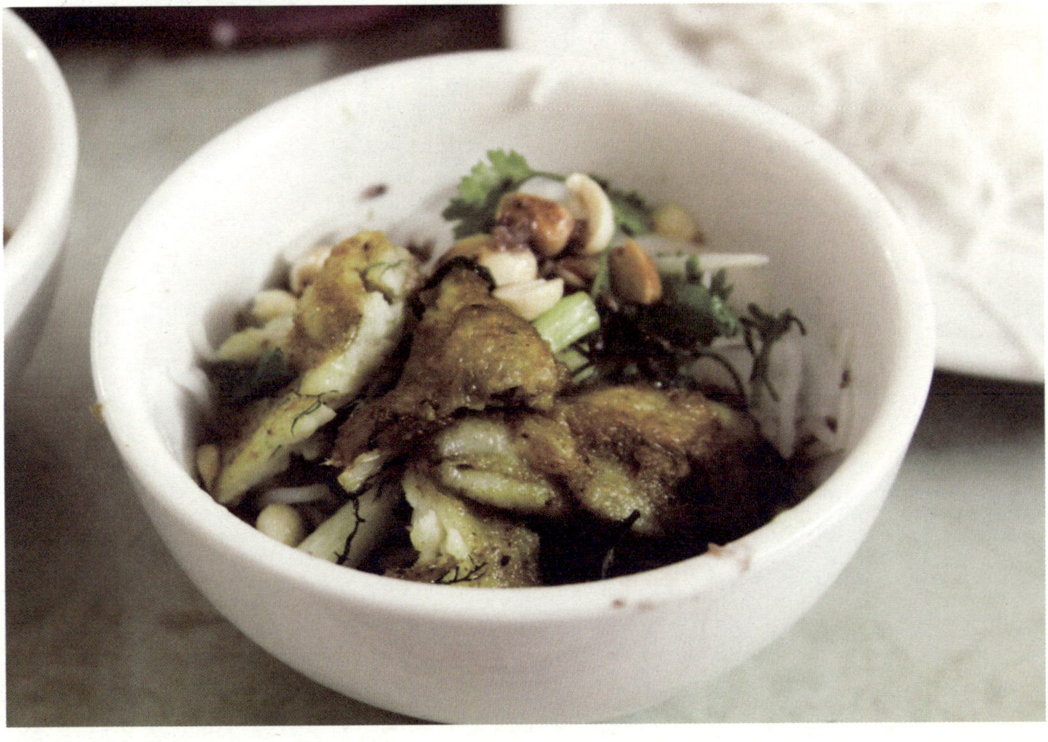

越南攻略HOW

Part.2
河內其他

河内其他 特别看点！

越南攻略 / 河内其他

第1名！
胡志明纪念堂！

100分！

★ 具有越南独特风格！纪念越南领袖胡志明的地方！

第2名！
一柱寺！

90分！

★ 河内最具特色的寺庙！一座造型奇特的寺庙！

第3名！
河内西湖！

75分！

★ 河内最大的湖泊！享有"河内最美的风景区"美誉！

---

01 胡志明纪念堂 100分！
纪念越南领袖胡志明的地方

★★★★★ 赏

胡志明纪念堂位于河内市中心的巴亭广场，完工于1975年，是为了纪念越南的国父胡志明而建。这座纪念堂吸收了苏联列宁墓的不少设计灵感，并且融入越南当地的独特风格，气势雄浑，令人不由肃然起敬。走进纪念堂，里面的气氛庄严肃穆，静寂无声，花岗岩的墙壁上镌刻着胡志明的名言：没有什么比独立、自由更可贵了。大厅正中摆放着他的遗体，神态安详。每天这里都有不少外国游客前来一睹这位伟人的遗容。

Tips
🏠 Pho Ngoc Hall&Pho Doi Can

02 真武观
祭祀真武大帝的庙宇　★★★★ 赏

Tips
🏠 Pho Quan Thanh和Duong Thanh Nien的交界处　¥ 5000越南盾

真武观建于黎朝太祖时期，距今已经有1000多年的历史。整个建筑气势十分宏伟，墙壁上还有不少精美的浮雕和装饰。这里主要供奉道教的玄天真武大帝，正殿内安放着用黑铜制造的真武大帝的塑像，这座铜像高3.7米，重达4吨。真武大帝足踩石龟，手持宝剑，身上还围绕着一条巨蛇。在这座观内，还有不少用汉字书写的对联和题词，很具中国风格，可见中国文化对越南深远的影响。

03 胡志明博物馆

● ● ● 详细了解越南革命历程   ★★★★★ 赏

Tips
🏛 Bao Tang Ho Chi Minh　¥ 5000越南盾

胡志明博物馆是越南最重要的博物馆之一，主要展出越南共产党早期斗争时留下的各种文物，包括很多在胡志明主席的领导下进行革命运动的资料等。想要完整地参观这座博物馆，最好的办法就是从上往下，从博物馆楼顶的金莲花开始，跟随着胡志明的足迹一步步了解越南走向自由和解放的历程。

04 | 胡志明故居

陈设简朴的小木屋

Tips
🏠 Nha San Bac Ho ☎ 04-8234760 ￥ 5000越南盾

沿着芒果小径，从主席府可以走到一处并不起眼的小木屋，胡志明生前在1958–1969年就居住在这里。这座用上好木材建成的高脚小屋坐落于湖畔，共有两层，其中下层是开放式的接待室，上层则是卧室和书房，室内的家具陈设依旧维持胡志明生前模样。

越南攻略

河内其他

05 越南总督府

曾经的法国总督府邸

★★★★ 赏

越南总督府是法国殖民者统治越南时期的最高权力机关，如今是越南国家主席的官邸。这是一座很典型的法式建筑，充满了浓郁的欧式风格，奶黄色的外墙，红色的屋顶，展现出独特的浪漫气质。当年胡志明主席就在这里度过了15年的时光，四处都留下了他的足迹。如今这里用来接待外国来宾，并不对外开放，人们只能通过其外观感受越南历史。

Tips
Nha San Bac Ho　￥5000越南盾

06 一柱寺 90分！

★★★★ 赏

造型奇特的寺庙

　　一柱寺又名延佑寺，是河内最具特色的寺庙。寺如其名，整个建筑就位于一根直径1.25米的巨大柱子上，柱子延伸到下面的荷塘之内，通过一座石桥连接岸边，远远望去，就好像一朵出水莲花一样。寺庙用高级的木料建成，各种细节制作精细。这里供奉着送子观音菩萨，据说相当灵验，因此引来了无数香客。

Tips
Chua Mot Cot

07 越南民族博物馆

● ● ● 介绍越南各个少数民族的特色　　★★★★ 赏

Tips
🏠 Nguyen Van Huyen Road
☎ 04-7562193　¥ 25000越南盾

越南是一个多民族国家，全国共有54个民族。1997年开办的民族博物馆，就是越南数一数二、反映少数民族文化的博物馆。这里分成室内与室外两个部分，室内主要展示各个少数民族的民族服饰、乐器、婚丧用品、祭祀用品和日常所用的各种工具等，还有反映每个民族各自特色的视频资料。而室外展区很是有趣，搭建了各个民族独特的屋舍，人们可以进到这些屋舍内，亲身体验一下这些少数民族的普通生活，深入了解他们悠久的历史与文化。

08 文庙

祭祀至圣先师孔子

越南文化传承自中国,儒家思想对这里的影响非常深,所以出现了像文庙这样的建筑。位于河内的这座文庙不光是越南规模最大的孔子庙,在东南亚地区也首屈一指。这座文庙的建筑结构和中国的文庙完全一致,也有棂星门、大成殿等,尤其是大成殿上悬挂的一块"万世师表"匾额更是乾隆皇帝御笔所书。每到中国传统节日,这里都会举行盛大的典礼。

Tips
- Pho Quoc Tu Giam
- ¥5000越南盾

09 越南国家美术馆

越南最大的艺术博物馆 ★★★★ 赏

越南国家美术馆建立于1966年，是现今越南最大的艺术博物馆。这里丰富的馆藏极为著名，从远古的石器时代到近现代的艺术品应有尽有。从18000多件艺术珍品中精挑细选出来的2000多件展品按照年代分别排列，让人能清楚地看到越南艺术的发展变迁。每年都有超过10万游客涌进这座美术馆，几乎每个人看后都赞叹不已。

Tips
🏠 66 Nguyen Thai Hoc　☎ 04-38233084　¥ 20000越南盾

10 军事博物馆

展现越南的军事历史

Tips
🏠 Pho Dien Bien Phu　¥ 20000越南盾

越南军事博物馆位于胡志明墓以东，建于1959年。这里是河内6座国家级博物馆之一，可以说是一本描写越南人民英勇对抗外来侵略者的史书。博物馆里收藏了很多越南军队使用过的武器，也有从敌人那里缴获的武器等，还有一些描写越战的图片资料，馆藏极为丰富。此外，这里还有一处河内过去的地标——旗杆塔，这处六角型的升旗台建于1813年，是过去用来升旗的地方，不过在它附近有军事设施，人们是不能在这里照相留影的。

11 河内西湖

河内最大的湖泊

75分!

★★★★ 赏

Ho Tay

　　河内西湖在越南的名声和杭州西湖在我国差不多，身为河内最大的湖泊，它享有"河内最美的风景区"的美誉。历朝历代的帝王将相都热衷于在西湖湖畔兴建住宅或是别墅，因此这里留下的古代建筑特别多。如今，西湖岸边垂柳依依，湖中小船点点，远处更是有一大片桃花，这丰富多彩的颜色将这里渲染得五彩缤纷。

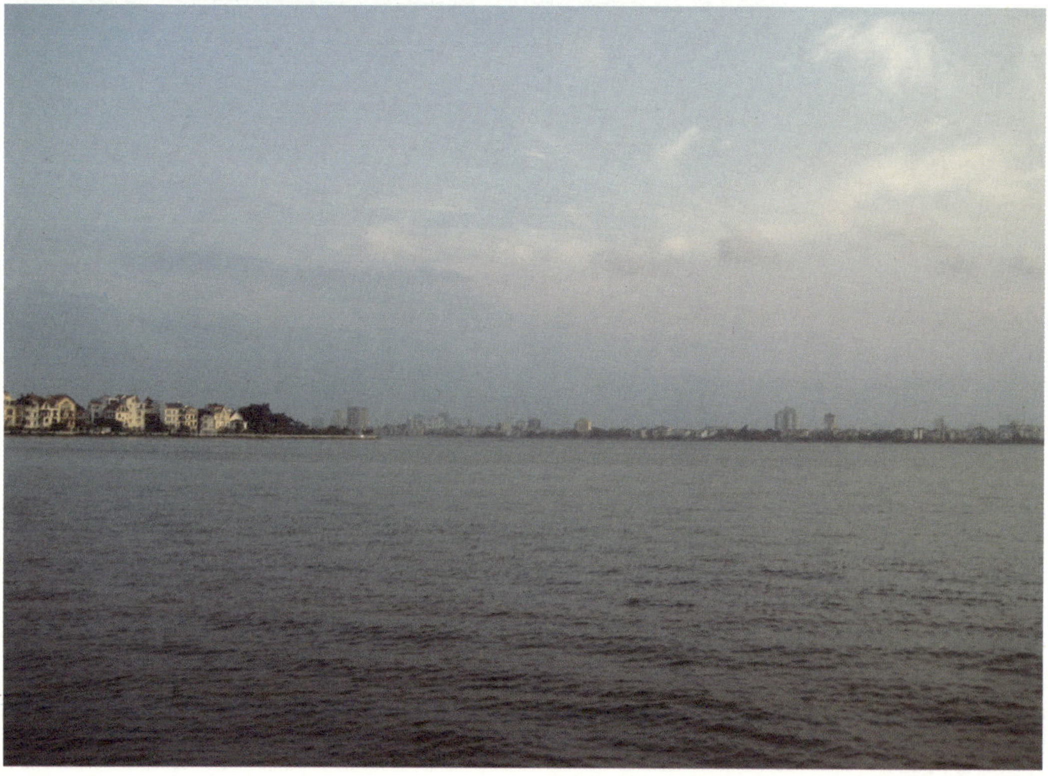

12 镇国寺
越南最古老的寺庙之一 ★★★★ 赏

建于541年的镇国寺最初名为开国寺，1440年改为安国寺，直到17世纪才改名为镇国寺，并开始大面积重修扩建，是越南历史最悠久的寺庙之一。在镇国寺1500年的历史上，越南历代高僧都曾经在这里受教、住持。镇国寺中还建有一座11层高的六角莲台宝塔，塔内供奉有大量造型不一、神态各异的佛像。此外，寺内还栽种有2500多年前佛祖释迦牟尼成佛处的一株菩提树，堪称镇寺之宝。

Tips
Chùa Trấn Quốc, Thanh Niên, Q.Ba Đình ☎ 04-38293869

越南
攻略HOW

Part.3 河内郊区

河内郊区 特别看点！

第1名！
陆龙湾！

100分！

★ 稻田里的喀斯特地区！陆地上的下龙湾！

第2名！
库风国家公园！

90分！

★ 自然风光优美的公园！昆虫爱好者的天堂！

第3名！
Bat Trang制陶村！

75分！

★ 千古传承的制陶之地！有"越南的景德镇"美誉！

---

01 Bat Trang制陶村　75分！
看传统的制陶工艺　　★★★★ 赏

Bat Trang在越南语中就是"制陶"的意思，生活在Bat Trang制陶村的人也大多是制作陶器的行家里手。进入制陶村，可以看到大街两侧满满的都是出售各种陶瓷器皿的商店，出售的货品多为花盆、花瓶、茶具和餐具等。有的店家门口还用日语或韩语书写招牌，以招徕那些外国游客。藏在各个小巷中的则是这里的陶瓷作坊，每家的院子里都满是白色的陶胎，人们各司其职，无论是拉胚、上釉还是画彩都进行得井井有条。

Tips
 河内南方约9公里　在河内乘47号巴士在Bat Trang下

02 香料寺
用石灰岩修建的寺庙
★★★★ 赏

香料寺是一座用石灰岩修建而成的寺庙，它位于半山腰，寺后还有一个不小的天然洞窟，人们因地制宜，在洞窟里雕出不少佛像，使这里成为一处佛教圣地。这里的建筑十分古朴典雅，有一种深山藏古寺的神秘感觉。每到重要的佛教节日，这里就会变得十分热闹，各路信徒纷纷来到这里敬香祈福。

Tips
My Doc,Huong Tich Mountain　河内乘车到My Doc换乘小船在香料寺下 35000越南盾

03 库风国家公园 90分!

自然风光优美的公园

★★★★★ 赏

库风国家公园是越南著名的自然公园，这座公园位于海拔200~600米的石灰岩山区之中，占地25000多公顷。公园里风光优美，山清水秀，有连绵不绝的山峰和层层叠叠的林海。这里一共种植了2000多种花木，其中很多还是稀有品种。每年3-5月，百花盛开，彩蝶翩翩，吸引了各方游客，特别是那些昆虫爱好者们。

Tips

🚗 45 Km Southwest from Ninh Binh
☎ 30-3848006　￥ 40000越南盾

04 Van Phuc丝绸村

越南传统的纺织工艺

Tips 河内东南方8公里

位于河内西南部的Van Phuc丝绸村是越南最著名的手工艺村落,住在这里的人大多以纺织丝绸而闻名,而且他们至今都坚持使用最传统的手工纺织机进行纺织,将越南的传统工艺技术保留下来。在这里游客们除了能够进入纺织工坊中参观,了解那些丝绸是如何在人们的巧手之下诞生的之外,还能在集市上买到色彩华丽、花纹别致的丝绸布料,并且了解当地人的日常生活状态。

05 宁平镇

● ● ● 保持了传统生活方式的小镇

★★★★ 赏

Tips

 93 Km South from Hanoi

宁平镇是河内附近一个宁静的小村，这里自从越南阮氏王朝开始就已经有人聚居了，千百年来一直都延续着传统的生活方式，仿佛从来都没有被外来文化打扰过。这里有很多传统建筑，从中可以看到中国文化对这里深深的影响。一个个身着传统服装的当地居民走来走去，真让人产生一种穿越时空的错觉。

06 陆龙湾
陆地上的下龙湾 ★★★★★ 赏

陆龙湾位于越南宁平省，这是一处新开发的海湾景区，也称"三古"，在越南语中是"三个洞窟"的意思。这里有着和下龙湾很相似的景色，被人称为陆上下龙湾，四处都是形状怪异的石头，三座神秘的洞窟散发着无穷的魅力。还有一条小河缓缓地流经此地，人们可以坐船漂流而下，遍览两岸美丽的风光。

Tips
🏠 9 Km Southwest from Ninh Binh　¥ 30000越南盾

07 La Mat养蛇村
体验与蛇共舞的感觉 ★★★★ 玩

蛇在东方文化中具有很重要的地位，很多人都害怕这种动物，但是在河内附近却有这么一座村庄，当地人与蛇共生，他们养蛇、玩蛇、吃蛇，熟悉蛇的习性，这就是著名的La Mat养蛇村。在这座村庄中，大概有370多人都是以养蛇为生，甚至有人养蛇的历史超过了50年。不过初来乍到的人也不必担心，这里的蛇都十分温顺，和村民们好像一家人。在这里，游客们可以品尝到用蛇肉制作的精美菜肴，还能买到蛇胆、蛇皮、蛇药等蛇类制品。

Tips
🏠 河内东北7公里

越南攻略　河内郊区

089

Part.4 下龙湾

　　下龙湾是越南北部湾的一部分，海岸线长达120公里，其北部邻接我国边境，东临东海，分做东、西、南三处小海湾。这里集中分布着3000多座大大小小的石灰岩岛，在海水长时间的侵蚀之下，形成了举世无双的喀斯特地貌景观，典型的表现为伸出海面的锯齿状石灰岩柱，此外还有一些洞窟，形成异国风味的如画景致。这里还是古代越族居住的地方之一，曾两次被列入世界遗产名录，成为越南最吸引人的旅游景点之一。因其景色酷似中国的桂林山水，还被称为"海上桂林"。

下龙湾 特别看点！

越南攻略 / 下龙湾

第1名！
下龙湾！
100分！

★ 越南最著名的自然风景区之一！有"海上桂林"的美誉！

第2名！
吉婆国家公园！
90分！

★ 下龙湾中唯一有人居住的岛屿！

第3名！
巴贝国家公园！
75分！

★ 山林泉石兼备的公园！生物爱好者的天堂！

---

01 下龙湾 100分！
美丽的海上桂林 ★★★★★ 赏

下龙湾位于越南北部，距离首都河内有150多公里。在这片1500平方公里大小的海湾内共有3000多个大小岛屿和礁石，风景宜人，是越南最著名的自然风景区之一。下龙湾共分东、西、南三个部分，里面的小岛和礁石呈现千奇百怪的形状和姿态，很像我国的桂林山水，所以这里也有"海上桂林"的美誉。

Tips
 166 D Le Thanh Tong Halong City ☎ 63-3846592
￥ 30000越南盾

必玩 01 天宫洞
典型的喀斯特溶洞

天宫洞是下龙湾最不容错过的自然景观之一,这里具有典型的喀斯特地貌特点。当人们置身于洞窟之中时,立刻会被周围那空旷宏大的氛围所感染,越往里面走,越会被各种石柱、石笋、石钟乳等吸引。由我国专家帮助设计的灯光系统,更让这里的自然景物在灯光的衬托下显得美丽无比。

越南攻略 · 下龙湾

必玩 02 木头洞
下龙湾最大的洞窟

木头洞是下龙湾规模最大的洞窟,传说1288年名将陈兴道为了阻击蒙古大军,特地趁着涨潮的时候在这里埋下了木桩陷阱,因此蒙古军所有船只都被木桩破坏,只得退兵,而木头洞也因此得名。在这里除了能看到很多木桩遗迹外,还能看到石钟乳,在灯光的照耀下,反射出犹如宝石一般的光彩。

必玩 03 惊讶洞
美丽的石灰岩洞

惊讶洞是下龙湾最美丽的石灰岩洞，人们必须乘船，然后登上50多级阶梯才能来到这里。走进洞窟后，10000多平方米的空间让人惊叹。洞内大致可以分为前后两大部分，到处都是形形色色的石钟乳、石笋、石柱。不过这里最让人瞩目的要数洞顶上那些自然形成的小圆穴，这些圆穴好像天空中的云层，又像歌剧院中为了音效而设计的天花板。

02 吉婆岛

物产丰富的岛屿

★★★★ 赏

Tips
Cat Ba Island

地处越南近海的吉婆岛拥有大片原始森林，这片森林内不仅盛产各种白格木、乳香木等稀有木材，同时还有大量珍贵植物，岛屿四周的海中则栖息着墨鱼、海虾、鲍鱼、海参、鱿鱼、沙丁鱼等丰富的海洋动物。这里出产的鱼露是越南最著名的特产之一，名扬全世界。

白沙海滩

必玩 ★ 吉婆岛上的著名海滩

白沙海滩是吉婆岛上最著名的海滩之一，主要分1号、2号、3号海滩，其中2号海滩环境最好，也最为幽静，在这里可以看到一片白色的沙子，漫步在上面，脚下发出吱嘎吱嘎的响声，而脚底也好像受到了按摩一般，感觉非常舒服。这里还有简易的住宿场所和野营设施，人们可以在这里欣赏美丽的日出日落。此外，1号和3号海滩已经被改建为度假村，优越的条件和美丽的景色吸引了人们前来度假休闲。

03 吉婆国家公园　90分！
吉婆岛风光的精髓　★★★★ 赏

　　吉婆国家公园位于下龙湾的吉婆岛上，这里是下龙湾中唯一有人居住的岛屿，岛上拥有大面积的原始森林，因此就被开辟成国家公园。森林中有不少珍稀树种，其间还生活着许许多多珍禽异兽，可以说是一处世外天堂。除了自然风光外，山上还有一处被称作中庄的溶洞，里面曾发现过古老的石器时代文明遗迹，可见这里也是一处历史悠久的地方。

> **Tips**
> 🏝 Cat Ba Island　☎ 31-3216350　¥ 15000越南盾

越南攻略

下龙湾

04 摆渡龙湾

●●● 野性十足的旅游景点

★★★★

> **Tips**
> 🏠 6A Le Thanh Ton Street, Ha Long, 越南
> ☎ 33-3655895

下龙湾的西部被称作摆渡龙湾，相对于下龙湾和吉婆岛那些设施完备的旅游景点，这里更像是一处尚未开发的野生之地，这里拥有溶洞、沙滩、森林等神秘的原始景点，诱惑着每一个来到这里的游客。此外这里还提供一种很有中国特色的平底帆船，人们可以坐在这种游船上遍览摆渡龙湾美丽的自然风光，别有一番轻松惬意的感受。

05 医院洞穴
当作野战医院的洞窟

下龙湾有很多天然形成的洞穴,这些洞穴在战争中起到了很重要的作用,越南军队就曾隐蔽在这些洞穴中躲避敌人的空袭,因此这些洞穴被赋予了不同的功用。其中医院洞穴是越战时期的战地医院,当时在激烈的战火中,很多伤员都被安置在这里,为越南人民获得最终的胜利立下了汗马功劳。如今在这里还能看到很多当时留下的痕迹和资料,能让人想象当时那激烈战斗的场面。

Tips

Cat Ba Island ¥30000越南盾

06 Hoang Y
吉婆镇最著名的餐厅

★★★★ 吃

Hoang Y 位于下龙湾最大岛屿——吉婆岛上的吉婆镇内,是当地最有名的餐厅,专门经营各种海鲜和素食。这里的菜大多为典型的越南菜,海鲜味道鲜美,素菜清新淡雅,因此受到了当地人和外来游客的追捧。随着吉婆岛旅游业的日益发达,这里的生意也越来越兴隆,吃饭时间想要在这里找个位置可不太容易。

Tips
D1-4

07 巴贝国家公园 75分!
山林泉石兼备的公园

★★★★★ 赏

Tips
Ba Bể, Bắc Kạn ☎ 281-3894099

巴贝国家公园位于一片崇山峻岭之间,这里素以瀑布、河流、山谷、湖泊及山洞而闻名。在幽深的森林里,还有各种典型的热带动物,包括熊、猴子、蝙蝠、蝴蝶以及各种昆虫等,是生物爱好者们的天堂。此外,在这里可以尽情地穿梭在山林之间,欣赏瀑布从天而降的壮美景观,或是进入神秘的岩洞中探险,还可以去当地傣族山寨中游玩一番,一定能尽兴而归。

08 维多利亚快车
前往沙巴的特别列车

从河内乘坐维多利亚快车访问沙巴肯定是每个游人都不能错过的体验，这是一班专属于维多利亚度假村的列车。整个快车只有三个车厢，可以容纳52名客人，一般都是挂在别的列车后面运行。快车是一个独立的私密空间，由度假村的客人专用。快车里的装饰颇具东方色彩，车厢壁均用木板铺设，搭配昏暗的灯光，显得很有情调。舒适的睡床让人一点也不会感到颠簸，旅途也变成了一种享受。

越南攻略 下龙湾

09 沙巴恋爱市集

越南最有特色的一处市集

★★★★ 赏

Sapa

越南最具特色的沙巴恋爱市集位于沙巴的市中心,这里每到周末都会聚集众多青年男女在市集转一圈。根据当地的风俗习惯,如果在恋爱市集上有小伙子看中了哪家姑娘,只需要上前握住那姑娘的手,姑娘若没有拒绝,就代表看上了小伙子,俩人就可以开始恋爱。如果姑娘将手缩回,小伙子就只能去寻找别的爱人。

10 北河市集

深入少数民族的传统民俗中 ★★★★ 逛

Tips
Bac Ha

北河市集是越南最有看头的集市之一，这里是当地少数民族居民定期来购物或是贩卖商品的集市，经常能看到身着五彩缤纷的民族服装的少数民族居民在这里摆摊做买卖，来这里逛逛是了解他们的民风民俗的最好途径。他们出售的商品以各种独特的工艺品为主，在别处是买不到的，因此特别受外国游客的青睐。

越南攻略 下龙湾

越南
攻略HOW

Part.5 胡志明市

胡志明市是越南第一大城市，原名西贡。这里曾经是法国殖民时期的经济中心，法国人在这里留下了很多极具欧洲风情的建筑。越南共产党建立北越政权后，这里的保皇派也成立了南越政府，并且就以这里为首都。1975年南北越统一，这里被正式改名为胡志明市。城市虽然发展迅速，却没有喧嚣的大都市气息，依然保持着越南独有的悠闲和浪漫。各种本土和西洋风格的融合正是这座城市的特色，因此吸引了众多外国游客。

胡志明市 特别看点！

第1名！
西贡河！

100分！
★ 乘游艇夜游胡志明市的生命之源！

第2名！
圣母玛利亚天主堂！
90分！

★ 胡志明市众多法式建筑的代表！

第3名！
耶稣山！

75分！
★ 亚洲最大的耶稣塑像！360度观景之地！

01 西贡河 100分！
展现胡志明市现代化的一面

Tips
🏠 Saigon River

西贡河发源自柬埔寨，它从东部贯穿整个胡志明市，并且和湄公河三角洲相连，使得原名西贡的胡志明市一下子就成了著名的港口和繁华的大城市，成为胡志明市发展必不可少的生命之源。乘船在西贡河中畅游，可以遍览城市中最现代化的部分，两岸高楼林立，特别是晚上，这里更是被各种灯光映衬得无比美丽。

02 草禽园
越南最好的自然公园 ★★★★★ 赏

草禽园是越南最好的动植物公园之一，在整个东南亚地区都是首屈一指的。这个公园由法国殖民者建立，占地广阔，野生动植物众多，来到这里的人们能够感受到令人心旷神怡的天然风情。草禽园里有很多放养的野生动物，飞鸟走兽一应俱全，游人可以与它们亲密接触。来到这里还能看到许多奇妙的植物，越南的各种珍稀植物应有尽有，此外，还有假山、亭台、盆景等景观。

Tips
🏠 2 D Nguyen Binh Khiem ☎ 08-38293901
💴 8000越南盾

03 西贡水上公园
胡志明市最大的水上公园

Tips
🏠 Kha Van Can, Thu Duc Distric ☎ 08-8970456 ￥70000越南盾

　　西贡水上公园是人们在炎热的夏季休闲娱乐的好地方，同时也是情侣约会、家庭出游的首选地之一。这个公园里有四大主题池，分别适合不同年龄段的游客，既有老少咸宜的普通游泳池，也有惊险刺激的速滑水道。波浪池能够模拟轻柔的海浪，让人有种置身于海滨的感觉；橡皮艇弯道池是多人同玩的项目，也是情侣们享受浪漫感觉的娱乐方式；游人在螺旋弯道池里会随着弯道呈螺旋式而下，那种急速下坠并瞬间失重的感觉，令人惊叹不已，是水上公园最刺激的项目。

04 中央邮局

胡志明市的标志性建筑之一

★★★★ 赏

Tips
Dong Khoi Distric 1

中央邮局是胡志明市的标志性建筑之一，是由法国人在19世纪末期修建的。走进邮局大厅，那华丽的装饰和明亮的灯光让人惊讶不已，而在大厅尽头悬挂的巨大的胡志明画像更是各国游客争相留影纪念的地方。这处邮局如今依然在营业，人们可以在这里发出盖有特殊邮戳的明信片，是一个很好的纪念品。

05 人民委员会总部

●●● 胡志明市的政治中心

★★★★ 赏

人民委员会总部是胡志明市的法式建筑的标志，这座由法国设计师在19世纪末设计建造的建筑具有华丽的洛可可式风格，白墙红顶，远远望去就好像一座宫殿一般。宫殿前的广场更是经过精心的设计，经常能看到很多游客在这里拍照留念。虽然如今人民委员会总部不对外开放，但是人们可以在入夜后来到这里，各种灯光照耀下的建筑别有一番魅力。

Tips

📍 Pasteur，Le Thanh Ton　🚌 乘6、14路公共汽车可到

06 统一府
原来的西贡总统府

★★★★★ 赏

统一府是胡志明市在法国殖民时期和南越政权统治时期的总统府所在地，越南统一后，西贡更名为胡志明市，这里也从总统府变成了著名的旅游景点。这座建筑共4层，有100多个房间，其中大部分都是各种政府机关的办公室，还有总统的官邸等。还有一个地下室，肩负着地下防空洞的作用，有地道通向外面，可供人在紧急情况下逃生。

Tips
- 106 D Nguyen Du
- 08-38294117
- 15000越南盾

07 钻石购物中心

胡志明市首屈一指的大商场

Tips
🏠 34 Le Duan Street ☎ 08-38257750

钻石购物中心是胡志明市首屈一指的大商场，这里由两座分别高15层和22层的大楼组成，铺满了玻璃幕墙的建筑在阳光下闪闪发光，很有一种现代感。购物中心内部颇具法国风格，各种世界知名品牌的专卖店鳞次栉比，商品的丰富程度比起世界上任何一个大商场都毫不逊色。这里还有一条美食街，专门经营来自世界各地的美食，吸引了不少食客。

08 圣母玛利亚天主堂 90分！
造型精美的教堂   ★★★★ 赏

圣母玛利亚天主堂是胡志明市最重要的教堂之一，教堂外墙用大量红砖砌成，其上有高大的白色尖顶塔楼，十分显眼。教堂虽然看上去很朴素，却拥有一种优雅的美。教堂前还有一座高大的圣母塑像，圣母双手放在胸前，神情安详，带有一种神圣的光彩。如今这里是胡志明市最热门的婚纱照拍摄地，前来拍照的年轻男女络绎不绝。

Tips
D Han Thuyen w

09 自由路

胡志明市最著名的商业街区之一

★★★★

Tips

D Dong Khoi Street

自由路是胡志明市最著名的商业街区之一，曾经是一家名叫"大陆"的法国酒吧所在地，所以也被人们称作"大陆路"。这条街上汇集了胡志明市最多的法式建筑，如果不是因为装饰充满了越南风格，真让人怀疑是不是到了香榭丽舍大道上。在这里可以买到很多越南特产，包括漆器、油画、服饰、纺织品等等，每一件都让人爱不释手。

10 Caravelle旅馆

●●● 现代化的高层旅馆

★★★★ 住

Caravelle旅馆坐落于胡志明市中心,是一座高24层的现代化摩天大楼,是胡志明市首屈一指的高层建筑。Caravelle旅馆的名字来源于大航海时代西班牙的帆船,因此这里的标志就是帆船上的三个帆。早在20世纪六七十年代,这里就是外国记者采访越南时候主要的下榻地方。旅馆里的设施很先进,一楼有一个自助餐厅,给住客提供多种选择,餐厅四周使用透明窗户,住客可以边吃饭边欣赏美丽的街景。旅馆顶楼的Saigon Bar则是凭高远望的好地方。

Tips
🏠 19 Lam Son Square ☎ 08-8234999

越南攻略 胡志明市

11 胡志明市立歌剧院

欧洲风格的歌剧院

★★★★

胡志明市立歌剧院也称西贡歌剧院，是一座欧洲风格的哥特式建筑，无论是内部的浮雕还是外部的形状都是按照当时法国的同类歌剧院建造的。歌剧院外墙上有各种各样的精美浮雕和花纹，正面巨型的拱门顶端是两位女天使手扶圣琴的姿态，而拱门下方的两个立柱前则是两位女神托起大门的资态，让人感受到浓厚的欧洲风情。

Tips
Dong Khoi　08-38299976

12 Continental旅馆

具有传统法国风格的旅馆 ★★★★

Continental旅馆和Caravelle旅馆仅一街之隔，如果说Caravelle旅馆代表胡志明市现代的一面的话，那Continental旅馆就是古典的象征。这座1880年就建成的旅馆是由法国人一手打造的，从建筑造型到内部装修无一不充斥着典型的法式风格。同时，它还拥有悠久的历史，早在"二战"期间，这里就是各国记者的汇聚之所，来自英、美、法等各个国家的记者住在这里，相互交流情报，发出新闻，几乎成了当时世界的新闻中心。此外，在这家旅馆住过的名人也不少，为这里增添了不少亮色。

> **Tips**
> 📍 132-134 Dong Khoi ☎ 08-8299201

13 胡志明纪念馆

了解胡志明的生平

★★★★ 赏

地处西贡码头附近的胡志明纪念馆外观典雅,因屋顶上装饰的两条龙雕像又被称为龙屋,其前身是一幢建于1862年的双层红砖建筑,是当时法国海运公司越南总公司的所在地。1911年6月,21岁的胡志明就从这里乘船前往法国。1979年9月,这幢建筑被辟为胡志明纪念馆,在馆内展出了大量胡志明的生平事迹和使用过的物品、照片等资料,游人可以详细了解这位越南历史上最受欢迎和敬仰的革命伟人的一生。

Tips
1 Nguyen Tat Thanh, District 4　08-8400647　¥5000越南盾

14 越南历史博物馆
全景展示越南历史的博物馆

Tips
📍 2 Nguyen Binh Khiem,District 1 ☎ 08-8298146 ¥ 10000越南盾

越南历史博物馆介绍了从蛮荒时代到20世纪30年代越共成立时的越南历史,时间跨度有3000余年。这座建筑是具有典雅风范的法式建筑,但在装饰上又有越南的传统风格。越南历史博物馆共分为两大部分,第一部分是介绍古代越南史的地方,每个朝代都有自己的展区,是了解越南历史沿革的好地方;第二部分则是展出文物的地方,其中既有越南王室的收藏品,也有普通民众的生活用品,许多具有历史意义的珍贵文物就这样展现在世人面前。

15 越南美术馆

馆藏丰富的美术馆

97 D Pho Duc Chinh　08-38294441　￥10000越南盾

　　位于胡志明市的越南美术馆建于20世纪初，由一座华侨的商业建筑改造而来。美术馆共分三层，其中一楼主要举办各种本国或外国艺术家的短期特展，二楼以常设展览为主，展示50多年来越南艺术的进步和发展。三楼则陈列着不少越南古董和带有印度风格的美术品，具有很高的艺术价值。

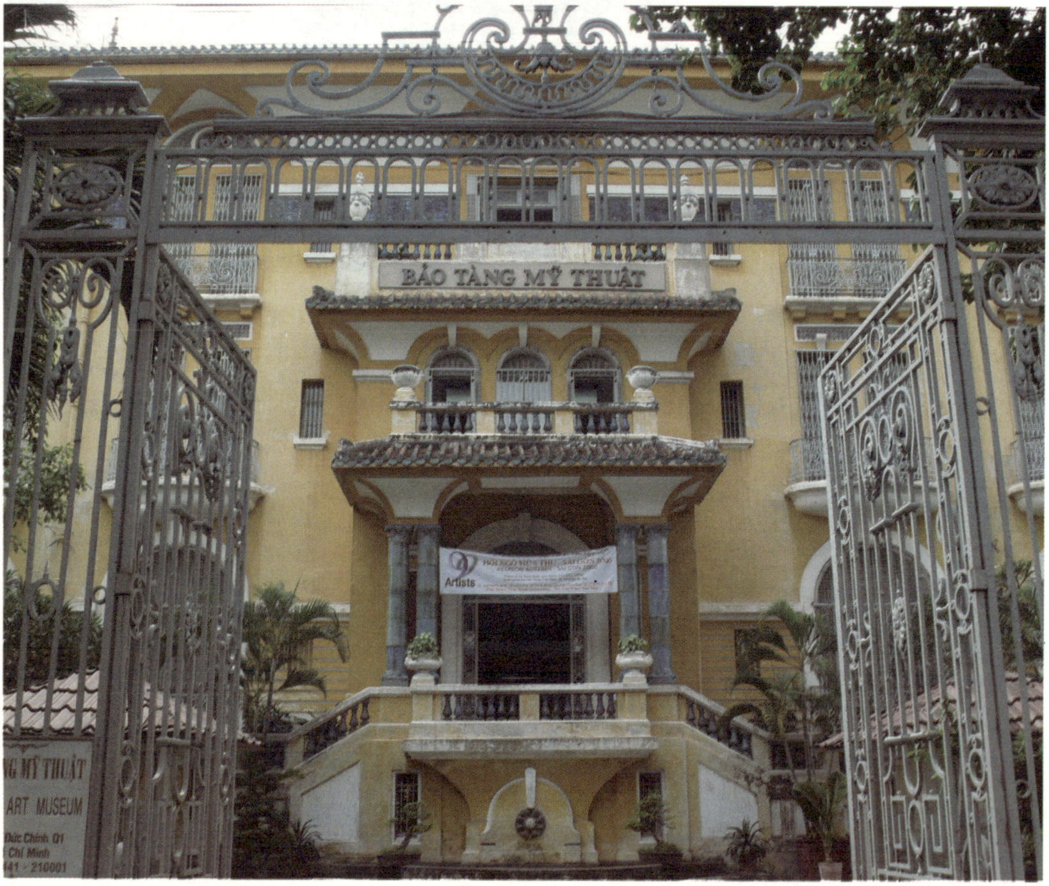

16 西贡中央回教堂
建在民居之间的清真寺 ★★★★ 赏

Tips
📍 66 D Dong Du

在越南有一大批信仰伊斯兰教的穆斯林，西贡中央回教堂就是为他们而建造的。这座清真寺位于普通的民宅之间，大门面向着圣地麦加的方向。回教堂通体刷成碧绿色，配上金光闪闪的圆顶，在普通的民居中间相当显眼。走进回教堂，里面一片宁静，各种用作礼拜的设施都井然有序，给人一种空旷肃穆的感觉。

17 滨城市场
包罗万象的集贸市场 ★★★★ 逛

Tips
📍 Ham Nghi与Le Loi Tran Hng Dao交会处

滨城市场是胡志明市规模最大的集贸市场，这里出售的商品包括各种吃的用的，涵盖了衣食住行，不过这些商品的价钱高低不一，需要有一定的分辨能力。到了晚上，这里会更加热闹，各种出售特色小吃的大排档相继出现，整个市场变得像一个夜市一样，出售各种小商品和海鲜烧烤的小贩们的叫卖声此起彼伏，很有特色。

18 河粉2000
越南最著名的河粉店 ★★★★

越南河粉是享誉世界的知名小吃，胡志明市内有很多大大小小的河粉店，其中最著名的要数河粉2000这家店。据说当年美国总统克林顿来到越南访问，还专门到这家店里品尝了河粉，从此这里就吸引了很多欧洲和美国游客，因此店家还特别制作了英文的招牌挂在店前。这里的河粉确实味道不错，筋道的河粉和鲜美的汤汁混在一起，让人满口鲜味，回味无穷。

Tips
🏠 1 D Phan Chu Trinh
☎ 08-38222788

19 福隆咖啡堡
胡志明市最著名的老字号咖啡馆 ★★★★ 吃

福隆咖啡堡位于胡志明市的Dong Khoi街上,是胡志明市最著名的老字号咖啡馆,开设至今已经有50多年历史了。福隆咖啡堡从外形看很小巧,颇有些传统越南咖啡屋的气氛。每个人来到这里都会点上一杯传统的越南咖啡,那沁凉甜美的口味足以消除人们四处奔走的疲劳。此外,这里还有原味、香草、肉桂等风味的咖啡豆供客人选择。这儿的三明治也味美价廉,在这里点上一杯咖啡,吃上一份三明治,想必是最舒适的享受。

Tips
57-59 Dong Khoi
08-8226805

20 Au Manoir De Khai
胡志明市最正宗的法式餐厅 ★★★★ 吃

越南被法国殖民者统治多年,因此也传承了最正宗的法国大餐。位于胡志明市的Au Manoir De Khai就是越南小有名气的法式餐馆。这座餐馆本身就是一座法式建筑,里面的装饰充满了欧洲风情。这里的大厨也是从法国请来的,因此味道和在法国吃到的大餐别无二致,人们不必千里迢迢去巴黎也能吃到正宗的法国菜。

Tips
251 Dien Bien Phu 08-39303394

21 玉皇殿
供奉各路神佛的寺庙 ★★★★ 赏

建于1909年的玉皇殿由来自广东的佛教徒集资兴建，是胡志明市最富丽堂皇的一座寺庙，在寺院的正殿供奉有玉皇大帝和诸天神的木质雕像，前殿和楼上则供奉有释迦牟尼和观音菩萨，两侧供奉有土地公公、地藏菩萨、弥勒佛、药师佛、北帝、雷公等中国游客耳熟能详的神话人物造像，所有雕像都很精美，值得一看。

Tips
45 Truong Dinh District 1

22 战争遗迹博物馆
纪念越南战争的博物馆 ★★★★ 赏

战争遗迹博物馆是记录越南战争中南越反动政府和美军暴行的地方，是一个时代的见证。这里收集了大量珍贵的资料，既有随军记者所拍摄下来的照片，也有许多文字资料，展示了越南人民所遭受的各种苦难。在博物馆的庭院里陈列着许多美军用过的武器，各种枪支弹药、飞机大炮一应俱全，由此不难看出那场战争的惨烈程度。来到这里的游客还能看到南越当局关押反抗者的昆山监狱的模型，还有包括老虎凳等刑具的复制品，而最恐怖的当属卧式断头台。

Tips
28 Vo Van Tan
08-8290325
¥15000越南盾

23 马里阿曼印度庙
造型优美的印度教神庙

马里阿曼印度庙是胡志明市的宗教建筑之一，它建于19世纪末，是当地的著名景点。越南的印度教教徒不多，所以这座马里阿曼印度庙在越南是很有影响力的印度教神庙。该神庙有着典型的南印度风格，造型华美大方，屋檐上竖立着多尊精美的印度教神灵雕像。漫步在寺内，可以看见一座高大的马里阿曼女神塑像，它造型优美，神态逼真，是不可多得的艺术精品。附近的墙壁上还雕刻着精美的壁画，内容都取材于印度教神话。

Tips
📍 45 Truong Dinh District 1

24 南部妇女博物馆
介绍越南南部妇女生活习俗的博物馆

南部妇女博物馆是胡志明市最有特色的博物馆之一，它介绍了越南有史以来妇女的生活习俗和社会地位的变迁。这里的展品众多，不同时代的女性衣物都陈列在参观者面前，包括日常生活中的衣物以及出席重大场合的礼服等，许多独特的衣物还是珍贵的原品。南部妇女博物馆中还介绍了越南妇女在抗击法国殖民者和美国侵略者的战争中立下的丰功伟绩，包括女英雄们的相片及其所使用过的物品，还有各种记录她们事迹的文字资料。

Tips
📍 28 Vo Van Tan ☎ 08-8290325 ¥ 15000越南盾

25 胡志明市博物馆

从法国人的宫殿改建而来的博物馆

胡志明市博物馆是由过去法国人修建的嘉隆宫改建而来,曾经是南越政权重要的政治中心。如今这里作为展示越南人民英勇抵抗外国侵略者历史的博物馆而对外开放。在这里可以看到越南人民在胡志明主席的带领下和外国侵略者英勇斗争的各种资料,包括当时使用的坦克、飞机等武器以及一些照片、文件等,是最详尽地记录越南当时历史的地方。

Tips
- 65 D Ly Tu Trong
- 08-38299741
- ¥ 20000越南盾

26 观音寺

堤岸最著名的寺庙 ★★★★ 赏

Tips
📍 12 D Lao Tu

观音寺是堤岸地区最著名的一座寺庙，是当地华人在19世纪初所建。正如寺名所示，这里主要供奉着观音菩萨，在当地人心目中十分灵验。同时这座寺庙也极具艺术气质，红漆大柱上绕着金色的蟠龙，墙上到处都是用瓷砖拼贴出来的神话故事图案，其中有人们耳熟能详的西游记故事等，显示了中国文化的博大精深。

越南攻略　胡志明市

27 福安会馆

华人建立的会馆 ★★★★ 赏

Tips

📍 184 D Hung Vuong

　　福安会馆是当地中国人所建造的明乡会馆中最著名的一处，早在明朝末期，就有很多中国人移民来到越南避难，这些人就被称作明乡人。他们在这里建造了很多会馆，也就被称作明乡会馆。来到福安会馆前，传统的中国风貌让人颇感亲切，门口的"七府明乡"四个大字十分显眼。会馆的建筑保存完好，各种精美的装饰和物品都显出浓浓的华夏风情，让人过目难忘。

28 觉林寺

胡志明市最古老的佛寺 ★★★★ 赏

建于1744年的觉林寺是胡志明市的第一名刹，它不仅是越南南部的佛教徒信仰中心，也是当地的佛学机构，更在1998年被评为越南的国家历史文化遗迹。这座古寺有着鲜明的明清建筑风格，造型典雅大方，充满着凝重幽静的感觉。寺院里既有越南民族风格的罗汉像，也有深受中国文化影响的佛像。寺内的九龙壁雕刻着九龙腾云、嘴喷水珠，造型极为精美。高大的"神幡宝柱"是这里的主要景点，上面贴满了用于祈福的条幅。

Tips
118 Lac Long Quan, Tan Binh District

29 天后庙
●●● 古老的宗教建筑　　★★★★

710 D Nguyen Trai

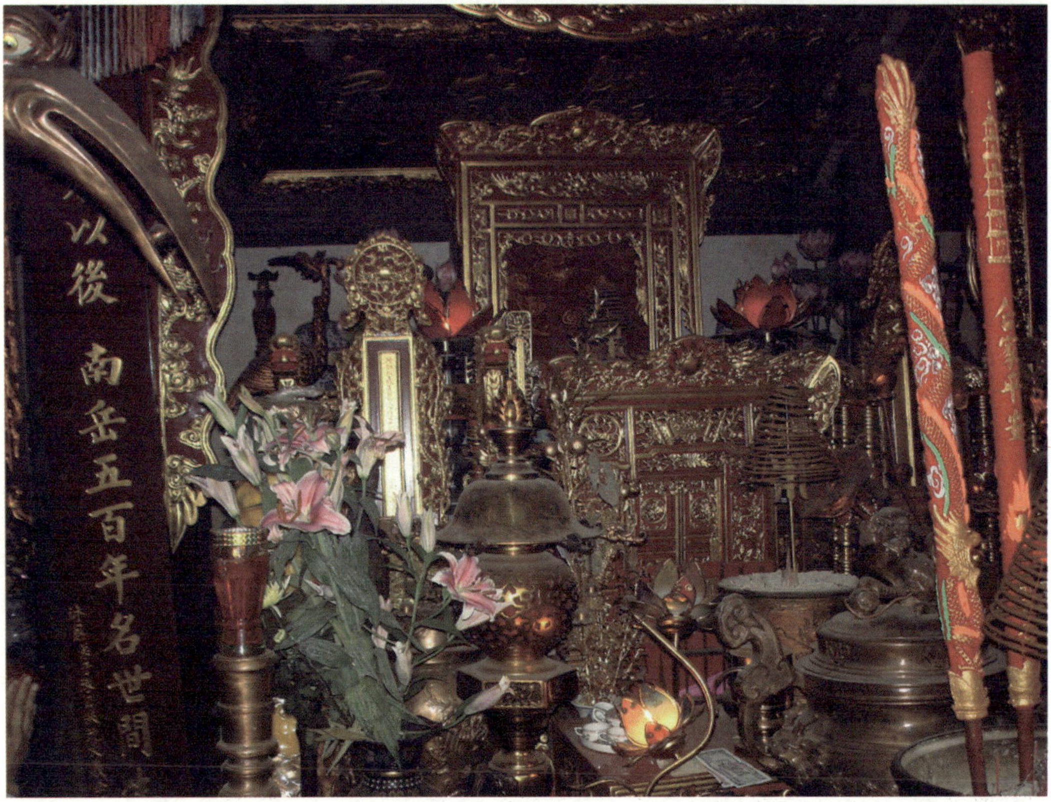

天后庙修建于19世纪中后期，是越南南方华侨华裔的精神寄托地之一，自建成以来就多次整修扩建，现在看到的天后庙是2006年修葺完成的。这座古老的建筑有着鲜明的岭南建筑风格，造型古朴典雅，殿堂里雕梁画栋，装饰精美，因此入选了越南的历史文化古迹名单。天后庙供奉的是海神妈祖娘娘，它慈眉善目，仪态端庄，经常有人来这里烧香拜佛，祈求神灵的保佑。天后庙的殿堂墙壁上还有精美的壁画和造型优美的浮雕。

30 觉园寺
●●● 佛像众多的寺庙　　★★★★

118 D Lac Long Quan

觉园寺是胡志明市的名刹之一，以众多造型各异的佛像而知名。漫步在寺庙内可以看到雕梁画栋的古建筑，还有书写着苍劲有力的大字的匾额、郁郁葱葱的古木，它们共同构成了一幅宁静淡雅的画卷。觉园寺里有很多造型精美的佛像，其中既有庄严肃穆的如来佛像，也有和蔼可亲的观音菩萨像，还有气势威武的四大天王像等。这里最著名的宝物是一顶古轿，它是阮氏王朝赠送给该寺僧人的礼物。

31 | 堤岸
繁华的华人聚居区　★★★★ 逛

Tips
Cho Lon

堤岸是胡志明市最大的华人聚居区，目前居住在堤岸的华人有40余万。而华人对越南的发展起到了至关重要的作用，他们所在的堤岸地区也曾是胡志明市最繁华的区域。在这里可以看到很多充满了中国风情的建筑，虽然看上去有点陈旧，但是依然热闹如昔。那里有很多经营传统粤式小吃的店家，各种食物的香气吸引着每个来到这里的游客。

越南攻略　胡志明市

131

32 金边市场

胡志明市最大的集贸市场之一

金边市场是胡志明市最大的集贸市场之一,这里聚居了大量的华人商铺,据说经营历史已经超过百年。市场分成两层,看起来有点像传统的中式大杂院,大小店铺依次排开,出售的商品也是包罗万象,主要以各种服装和传统小吃等为主。人们可以在这里自由自在地选择自己想要的东西,也可以坐下来享用那些美食,将逛街变成一种乐趣。

Tips
Hau Giang, District 6

33 安东市场

首屈一指的旅游购物地

安东市场是胡志明市著名的购物景点,因为这里的店铺老板大都能说汉语,所以成为中国游客首选的购物街。这个市场共分为四层,每层都有着自己的特色。第一层出售食品,既有新鲜的海鱼,也有精心腌制的食材。还有的楼层出售服装,里面大都是越南的传统民族服装,其中京族少女服饰最受欢迎。来到安东市场,还能买到许多精美的手工艺品和旅游纪念品,那此起彼伏的讨价还价声,让人有种置身于中国国内的感觉。

Tips
Tran Phu Street与An Duong Vuong Street交汇处

34 Pho Oso
不好吃不用给钱的美味河粉 ★★★★ 吃

Pho Oso是一家规模不大、主营河粉的餐馆,这家餐馆的就餐环境很舒适,主营的牛肉河粉更是美味可口,且价钱不贵,其"不好吃不用给钱"的广告语更是令人印象深刻。不仅当地人喜欢在这里就餐,很多游客也纷纷慕名而来。

Tips
37 D Dong Khoi　08-38296415

35 古芝地道
作用非凡的地下城堡 ★★★★ 赏

古芝地道位于胡志明市以西,这里原本是法国殖民时期越南农兵挖的防卫地道,后来经过扩建,在越战中起到了非常大的作用,是那时对抗美国侵略者最重要的基地。地道共分三层,全长200多公里,里面建有医院、会议室、休息室、作战室、粮库及军事陷阱等,功能十分完备。走在这纷繁复杂的地下世界里,会有一种探索迷宫的感觉。

Tips
Cu Chi　¥70000越南盾

36 高台教大庙

高台教的主庙之一

★★★★ 赏

Tips
西宁镇以东　胡志明市乘长途车在西宁镇Tay Ninh站下

高台教是越南的第三大宗教，在南部地区颇为流行，高台教大庙则是该教的主庙之一。这座庙宇结合了东西方宗教建筑的特点，既有哥特式的高大尖塔，也有飞檐斗拱的中式殿堂，还有雕刻着龙的圆柱。高台教大庙的最大特点就是供奉的神灵众多，位于最高层的是释迦牟尼，两侧分别是老子和孔子；第二层中间是观音，左右分别是李太白和关公；耶稣占据了第三层；第四层供奉的是姜太公、孙中山等真实历史人物的雕像。

37 耶稣山 75分！
看世界上最大的耶稣塑像 ★★★★ 赏

耶稣山位于胡志明市附近的头顿，这里坐落着一座世界上最大的耶稣像。比起巴西里约热内卢的那座来，这尊雕像虽然在雕刻工艺上不如对方，但是却拥有32米高的巨大身形。整个耶稣像是用纯白的大理石雕刻而成，耶稣表情慈爱，张开双手，好像在拥抱世人。塑像里设有楼梯，人们可以登临塑像顶端，遥望远处的美丽海景。

Tips
Mulberry Beach

38 龙海

安静休闲的度假山庄

★★★★ 赏

Tips

📍 124 Km Southeast from Ho Chi Minh City

龙海是一处设施完备、条件优越的度假山庄，这里濒临大海，距离著名的旅游胜地头顿不远，但是相比起来这里更显得宁静安逸。山庄有卡拉OK厅、按摩室、网球场、桌球室、钓鱼台、健身室、赌场等设施，可以提供给每一个人优质的服务。同时，这里还有可以观看海景的餐厅和竹子休闲吧等，每个人都能在这里度过一个难忘的美妙假期。

39 头顿海滩

受人青睐的海水和沙滩 ★★★★

Tips
130 Km Southeast from Ho Chi Minh City

关于头顿，用两个词语就能形容，那就是"阳光"和"海滩"。头顿海滩是越南最著名的海边旅游胜地，碧蓝的海水和金色的沙滩使这里很受青睐。人们在这里可以进行各种海上活动，比如游泳、潜水、水上自行车、水上跳伞等，还有很多人在沙滩上享受全家在一起的天伦之乐。

越南攻略　胡志明市

越南
攻略HOW

Part.6 顺化

　　在越南历史上，顺化曾先后被定为三个朝代的都城，是一座极具历史韵味的古城，如今也是越南的文化、宗教和教育中心之一。美丽的香江将城市分成南北两个部分，其中北部是老城区，最具人气的景点当属过去的王城，那里随处都能看到充满古意的老建筑。除此之外，香江之畔还有不少古代佛教寺庙和占婆文化遗迹。相对于其他大城市的嘈杂和忙碌，顺化显得幽静而古朴，正是这一点吸引了无数来自世界各地的游客。

越南攻略 | 顺化

顺化 特别看点!

第1名!
顺化堡垒!
100分!

★ 越南现存最大最完整的古建筑群!微缩版的紫禁城!

第2名!
王家艺术收藏博物馆!
90分!

★ 越南各个时期精美艺术品的聚集地!

第3名!
天姥寺!
75分!

★ 香江之畔的佛家殿堂!越南最著名的古刹之一!

01 顺化堡垒 100分!
曾经的越南王朝统治中心 ★★★★★ 赏

Tips
 Dai Noi ¥ 55000越南盾

　　顺化曾经是越南古代阮氏王朝的首都所在地,因此有很多历史悠久的古代建筑,顺化堡垒作为当时王朝的统治中心而成为其中的经典。这处堡垒被修建得极为坚固,厚厚的城墙,完备的防御设施,堪称固若金汤。堡垒的正中心就是当时的王宫,是仿照中国的紫禁城修建的,虽然规模远不及紫禁城,但是也十分豪华,很有看头。

必玩 01 午门
顺化王城的大门

午门是顺化王城的大门，用砖石砌成的城门上用汉字写着"午门"二字，据说当年这两字曾经用纯金书写，透出王城的豪奢。城门上方的五凤阁和门楼呈U字型，下面开有五座大门，正中央的红漆大门专供国王出入使用，两侧是文武官员专用，最外侧的两道大门则是王室大典时军队和大象出入的通道。

必玩 02 旗台
顺化最醒目的标志

王宫第二层城墙外的旗台建于1807年，旗台高17.4米，外观是3层金字塔造型，旗台正中矗立的旗杆高29.52米，最初木质的旗杆在1947年改为钢筋水泥制，曾经在阮朝期间飘扬在旗台上空的王旗和帝王大旗现今被越南国旗取代，是顺化城内最醒目的标志。

必玩 03 九门大炮
王宫内的礼炮

位于午门两侧的城墙外有9门大炮，是1803年越南嘉隆帝将西山王朝的铜质器皿熔化铸成的大炮，每门炮长5.1米，重10吨，分别用春、夏、秋、冬和金、木、水、火、土命名，从铸成之日起就没参与过任何战争，一直安置在王宫内，作为礼炮使用。

必玩 04 显临阁
顺化王城内最高的建筑

正对世祖庙的显临阁是为表彰对国家有功的人，供奉其死后牌位的建筑，楼高三层的显临阁由于地位崇高，自修建至今一直是顺化王城内最高的建筑。

必玩 05 世祖庙
王城最重要的祠堂

地处王城西南方向的世祖庙建于1821年，是王城最重要的一座祠堂，其正面有11间大小，里面供奉了越南阮朝10位国王的牌位，一字排开，每个牌位上方都有该国王与王后的遗像，其中正中央是嘉隆帝和2位王后的牌位。值得一提的是，这些牌位中咸宜、成泰和维新三位国王的牌位在最外侧，因为3人都曾反对法国殖民统治而被流放海外，直到1959年举行盛大仪式后，才重新在世祖庙内供奉这三位国王的牌位。

必玩 06 太平楼
顺化王城内的王家图书馆

太平楼又被称为王家图书馆，由文学造诣颇高的明命帝修建，是阮朝王室成员阅读和休闲的场所。楼前的方形水池装饰有造型不一的奇岩怪石和植物，其雅致景观颇具中国江南园林风情。此外值得一提的是，太平楼还是顺化城内唯一在1947年法军二度入侵顺化王城时躲过战火摧残的建筑。

必玩 07 肇祖庙与太庙
纪念阮氏王朝奠基者的祠堂

肇祖庙与太庙是为纪念阮氏广南国奠基者肇祖阮淦和太祖阮潢的祠堂，在战争中肇祖庙与太庙都受到了很大损坏，现今被辟为越南王室用品展示区，游人可以在这里欣赏各种越南王室的朝服、家具和日常使用的器皿等。

必玩 08 九鼎
象征阮朝政权的九鼎

位于世祖庙前的九鼎是明命帝所铸,每座鼎上都镌刻有日月星辰、山川海洋等17种共153个图案,象征着阮朝政权稳固。后人则以阮朝不同国王的谥号为九鼎命名,并将其一一移至与世祖庙里的牌位对应的位置,如正中央的鼎就对应嘉隆帝,是九鼎中最高最重的一座。

越南攻略 顺化

必玩 09 镶瓷艺术
顺化王城最引人瞩目的艺术杰作

在顺化王城的屋顶、回廊等部位装饰有大量蝙蝠、竹子、梅花等象征吉祥如意的图案,是将各种不同图案和颜色的瓷碗或花瓶敲碎,再用这些独一无二的碎瓷镶嵌拼成。据说,有时为了达到最好的效果,甚至一次打破好几吨精美的瓷器。其色彩缤纷艳丽,可以说是顺化王城最引人瞩目的艺术杰作。

必玩 10 太和殿
顺化王城最重要的建筑

建于1805年的太和殿是顺化王城最重要的建筑之一,阮朝13位国王都曾经坐在太和殿内的龙椅上主持加冕、国王生日、外国使节觐见和每个月两次的大朝等各种典礼,其屋顶用金色琉璃瓦铺成,殿内红色的立柱雕刻着金龙和祥云图案。虽然阮朝国王平日上朝都是在勤政殿内,但这座金碧辉煌的太和殿依旧被视为全越南的中心。

02 阅是堂

◆◆◆ 王室欣赏戏剧的地方

Tips
¥ 20000越南盾

阅是堂是顺化王宫的重要部分，是以前王室欣赏戏剧表演的娱乐场所，也是越南现存最古老的传统剧院。它建于1826年，直到1945年进行最后一场演出，一共使用了120年。剧院内部格局方正，头顶上是代表了天空的蓝色天花板，上面还画了日月星辰的图案。观众席则分成上下两层，上层是王后嫔妃们的包厢，下层则是国王、政府官员和外宾的坐席。同时在剧场两边还有回廊可以直接通往各个寝宫，使王室观众们不必受风雨之苦，只管享受戏剧之乐。

03 | 天姥寺 75分！

●●● 历史悠久的古刹　　★★★★ 赏

天姥寺是越南最著名的古刹之一，建于阮氏王朝时期。寺庙修建在越南香江之畔的小山头上，这里原本是占婆古国的宝塔群，据说是越南的龙穴所在，因此被历代统治者奉为圣地。寺内绿树遍地，草木森森，更兼殿宇林立，真是一处幽静深远的佛家殿堂。寺内还有一座广为人知的福缘塔，这座塔高7层，每一层都代表了佛祖的一个化身，塔内安放着无数佛像，是信徒们顶礼膜拜的地方。

Tips
D Le Duan

04 启定王陵

融合了欧亚元素的王陵

★★★★ 赏

Tips
距离顺化市中心10公里的朱字山上　55000越南盾

启定王陵位于风光旖旎的朱字山上，这里是阮弘宗阮福晙的陵墓，也称应陵。因为阮弘宗本人亲法的态度，所以这座王陵在建设上参考了很多欧洲元素，将其融入到越南的传统建筑元素中去，形成了独特的风格。这座陵墓依山而建，共有127级阶梯，其中的建筑一反越南古建筑的常态，使用钢筋水泥建成，因此颇具现代感。建筑上面装饰精美，各种龙纹图案生动精致，远超一般艺术品。同时，围绕着主建筑有多对石人侍立，这些都是阮弘宗本人的亲卫军，气势十足。

05 明命王陵

●●● 类似中国北方园林的王陵　★★★★

Tips
🚌 从市区Dien Bien Phu路往南，再沿Ming Mang路前行　¥ 55000越南盾

明命王陵也称孝陵，建于1840年，是阮圣祖阮福皎的陵墓。从布局和气势来看，它很像中国的北方园林，内部格局大气，以中间的大红门为主轴，形成了长约700米的中轴线，各种建筑、石人石马等依次并排两侧，左右对称，显得相当严谨。墓区位于王陵的最后方，这里用高墙围起了一个圆形区域，四周种满苍松翠柏，阮圣祖的墓家就位于其中。不过平时这里大门紧锁，并不对外开放，游人们只能在外面一窥其景象。

06 绍治王陵

形制简练的王陵 ★★★★ 赏

绍治王陵是顺化各个王陵中规模较小的一座，因为年号绍治的阮宪祖阮福暶在位时间短，所以并没有来得及大肆建造陵墓。这座王陵的形制和阮宪祖父亲的陵墓明命王陵很相似，但是削减了不少建筑，显得简洁精练。穿过碑亭、祭庙后就是墓冢所在地，这里没有建造高墙，只以山川为屏障，从另一个角度也反映了阮宪祖本人崇尚回归自然的态度。如今这座王陵尚未整修，显得较为破败，不过从残垣断壁里仍能体验到浓郁的历史感。

> **Tips**
> 从顺化市中心Le Loi乘车在Huyen Tran下，然后向南步行
> ¥ 55000越南盾

07 嗣德王陵

具有艺术气息的王陵 ★★★★ 赏

嗣德王陵也称谦陵，是阮翼宗阮福时的陵墓，阮翼宗是阮朝从盛向衰的代表人物，他的陵墓建造得颇具艺术气息，反映了他本人过人的文学素养。这里亭台楼阁、小桥流水随处可见，乍一看根本不像一座王陵，而更类似于我国的南方园林。陵内主要分祭祀和墓冢两个部分。祭祀区以良谦殿和温谦堂为中心，分布着各种祭堂，用以存放王室御用的祭祀用品等，还有越南最古老的戏院鸣谦堂遗迹。墓冢区则以碑亭为中心，可以看到阮翼宗和他的儿子阮简宗的墓冢。

> **Tips**
> 位于香江南岸，距顺化城10公里 从顺化市中心Le Loi乘车在Huyen Tran下 ¥ 55000越南盾

08 王家艺术收藏博物馆 90分!

越南各个时期精美艺术品的聚集地 ★★★★ 赏

王家艺术收藏博物馆原本位于顺化王宫西侧的龙安宫，但是随着龙安宫开始整修和维护，博物馆就迁到了目前所在的安定宫。这座宫殿是一座三层高的建筑，是在德国人的协助下建成的，曾经是阮弘宗的行宫。宫内装饰金碧辉煌，一楼有大量精美的壁画，特别引人注目。这里陈列着越南历史上各个时期的精美艺术品，包括拥有150多年历史的彩绘玻璃、象征王权的青铜器皿、各种做工精细的陶器和珐琅器，以及象牙、服饰等等，兼具历史与艺术价值。

Tips
- 97 Phan Dinh Phung Street
- ¥ 22000越南盾

09 皇家斗兽场

王室观看斗兽表演的场所 ★★★★ 赏

一般说起斗兽场，人人都会想起罗马那座大竞技场，但是其实在顺化也有这样类似的建筑，不过这里上演的并非是人兽相斗，而是凶猛的老虎和庞大的大象之间的争斗。这座圆形的斗兽场建于1830年，直径达44米。斗兽场四周共有两个出入口，专供国王和王室成员及大臣出入。根据当时的传统，这里每年都会举行两次虎象斗，一般来说大象由于象征王室，都会被喂得很壮实。而作为对手的老虎则被去掉了牙齿和爪子，所以胜负很明显，不过这种比赛结果重于过程，更像是一种祈福和宣传的仪式。

Tips
- 市中心Le Loi往西步行可到

10 巴马国家公园

最著名的避暑胜地 ★★★★★ 赏

Tips
- 45 Km from Hue
- ☎ 54-3871330
- ¥ 10500越南盾

巴马国家公园是顺化附近的一处著名避暑胜地，在法国殖民者占据越南的时候，这里就是法国人消暑解热的好地方，如今则是普通越南人度假的地方。这里山峰绵延，绿树成荫，气候凉爽宜人，特别是在山间叮咚作响的潺潺小溪更是让人倍感舒适。在这里生活着不少平时难得一见的珍稀鸟类，是爱鸟者们的天堂。

11 | 东巴市场
香江岸边最重要的商贸集散地

> **Tips**
> 🏠 D Tran Hung Dao

东巴市场位于顺化的东门附近，自古以来就是香江岸边重要的商贸集散地。1885年，一次火灾使这片市场化为乌有，4年后市场被重建而且迁到了现在的地址。虽然历经磨难，但是这里依然作为顺化重要的商业中心屹立了百年之久。如今，东巴市场是前来顺化购买纪念品最好的去处，在这里能看到各种顺化特产，包括斗笠、刺绣、虾酱等，还有各种新鲜的瓜果和海鲜。此外，在这里还有不少路边摊专门出售传统的顺化小吃，牛肉河粉、豆沙糕、五色糕等都是值得一尝的美味。

12 香河航行

乘船一览香河沿岸的美景

★★★★ 赏

¥ 62000越南盾

香河是顺化最美的地方之一，在香河上游两岸还长满了芳香四溢的石菖蒲，将香河的水染上了一股轻柔的芳香味道，缓缓穿过顺化市的香河也就此将一片芬芳带入城市。游人可以乘船在江中顺流而下，沿途两岸各种高楼大厦鳞次栉比，夜晚时建筑四周绚丽的灯光将香河渲染成五颜六色，仿佛天堂一般令人目眩神迷。

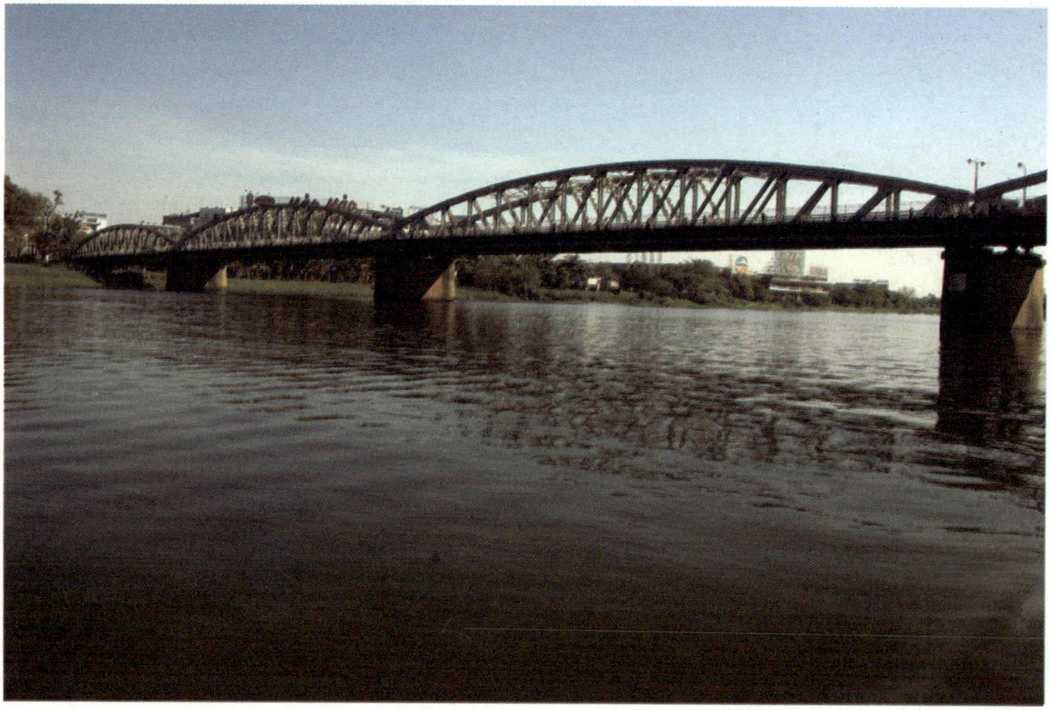

13 顺化圣母玛利亚天后堂
●●● 顺化教区的主建筑　★★★★★ 赏

法国侵略者占领顺化后，便将这里开辟成一个基督教教区，并且获得了梵蒂冈的罗马教廷的承认。随后在1962年，这座圣母玛利亚天后堂便拔地而起，成为这里基督教的中心。圣母玛利亚天后堂的造型十分雄伟壮观，有点像一座城堡，门口矗立着一座高大的圣母玛利亚塑像，她的神情安定慈祥，好像要赐福给每一个来这里的信徒一般，深受当地基督教徒的崇敬。

Tips
80 D Nguyen Hue

15 永木隧道
●●● 四通八达的地下城　★★★★ 赏

永木隧道建于越战时期，当时人们为了躲避美军飞机的轰炸，索性全家都搬到地道里居住，于是这里的地道也越挖越大，越挖越广，直到战后人们才从这里面走出来。如今四通八达的永木隧道已经成为最著名的旅游景点之一，里面还保持着原来的样子，当时人们使用的设施还原封不动地留在原处，并且配上了很多当时的图片，让人们对这里有了十分深刻的了解。

Tips
110 Km from Hue
20000越南盾

14 地碟国立寺
●●● 顺化三大国立寺庙之一　★★★★★ 赏

由Thieu Tri国王于1841年在位期间修建的地碟国立寺是顺化三大国立寺庙之一，曾经是越南国王直接管理的王室寺庙，寺院内建筑宏伟，布局严谨，现今置身其中，依旧可以感受到旧时越南皇家寺院的威严。

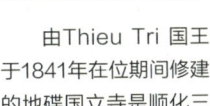
Tips
102 D Bach Dang

16 卡森战斗营
●●● 越战中的知名战场　★★★★ 赏

距离顺化大约130公里的卡森战斗营在越战期间曾经是一处战事激烈的战场，著名的围城事件就在这里发生，现今战争虽然早已结束，但卡森战斗营附近依旧一片肃杀气氛，随处可以看到战争留下的痕迹。

Tips
距离顺化130公里

17 宝库寺
●●● 有数百年历史的古老寺院　★★★★ 赏

建于1670年的宝库寺隐匿在一片绿林之中，由一位中国佛教僧侣Giac Phong修建，迄今已有300余年历史，是一座历史悠久、外观古朴的佛教寺院。

Tips
Ham Long Hill Phuong Duc District

18 屯安海滩
●●● 环境最优美的海滩　★★★★ 赏

屯安海滩是顺化周边环境最优美的海滩，这里污染度极低，海水清澈见底，周围也十分安静，非常适合那些喜好宁静的人。这里的海水并没有太大的波涛，人们在这里可以看见大海温柔的一面，还可以在附近的酒店里远眺这美丽的海景，欣赏海上升明月的景观。

Tips
Song Huong

越南
攻略HOW

Part.7 岘港

　　岘港是越南中部的一个著名港口城市,北连顺化,南接芽庄,背靠五行山,东北有山茶半岛作屏障,海湾呈马蹄形,地阔水深,形势险要,为天然良港,现为海军基地,可停靠万吨级军舰。岘港旧称"土伦",又称"汔馒",如今是越南的阳光地带,有世界上著名的六大海滩之一,被誉为"东方夏威夷",曾入选美国《国家地理》所评的"全球五十个不得不去的地方"。

岘港 特别看点！

第1名！
岘港大教堂！

100分！

★ 岘港地标之一！越南最漂亮的粉色教堂！

第2名！
占婆雕刻博物馆！

90分！

★ 世界上最大的占族石雕艺术博物馆！汇集占婆艺术的精髓！

第3名！
海云关！

75分！

★ 越南第一天险！一生中必看的50个地方之一！

---

01 岘港大教堂
越南最漂亮的教堂

100分！

如果说岘港大教堂是越南最漂亮的教堂，肯定不为过，这座修建于法国殖民时期的教堂通体呈粉红色，竖直的线条凸显出典型的哥特式风格，正中间高大的尖塔顶上竖立着一只信风鸡，所以这里也有"雄鸡教堂"的称呼。在教堂里随处都能见到各种生动精美的塑像，这些都是越南历史上著名的基督教圣徒，很受人们敬仰。

Tips
158 Tran Phu

02 中国海滩
曾经的美军疗养基地

岘港是越南一处著名的海滨城市，拥有长30多公里的海岸线，在越战期间一度是美军的疗养基地，被美国人称为"中国海滩"。在岘港众多风景优美的海滩中，拥有雪白沙滩和蔚蓝大海的美溪海滩是其中最著名的一处，也是各国游客来到岘港不可错过的地方，被誉为"东方夏威夷"。美溪海滩上竖立着很多越南传统风格的遮阳伞，游人在伞下既可以远眺海天一色的美丽风光，也可以在浅海中漫步，享受海水没过脚面时的舒爽，让身心都得到放松。

Tips
10 Km South from Danang

03 占婆雕刻博物馆 90分!
领略古老的占婆艺术 ★★★★ 赏

岘港旧称土伦,是曾经的占婆王国的首都所在地,遗留着很多占婆时期的痕迹。法国人在这里修建了占婆雕刻博物馆,专门收集那些占婆时期遗留下来的珍贵工艺品。这座博物馆是一座半露天的博物馆,共分8个区域,按照不同的时间段来展示。馆内300多件藏品中,有很多都是用砂岩雕刻的作品或是手工制作的陶器,占婆时期的艺术精髓就集中在此。

Tips
D Trung Nu Vuong ￥30000越南盾

必玩 01 美山馆
收藏美山出土的印度教文物

美山馆是收藏著名的宗教中心美山所出土的各种印度教文物的地方。这里最重要的文物当属一座刻有当时修行隐士生活状态的大型林迦石雕。这座石雕诞生于7世纪，上面刻满了隐士们弹奏乐器、讨论经文等内容。另一件重要文物是一幅描绘了印度教创世神话的三角楣，上面的图案刻工精细，具有极高的艺术价值。

必玩 02 茶荞馆
记载狮城曾经盛极一时的历史

茶荞就是占婆古文献中所记载的狮城，早在10世纪时这里就盛极一时，是占婆文化黄金时期的代表。在茶荞馆内陈列着一尊黑天林迦，是《摩诃婆罗多》中所记载的毗湿奴的化身，在它的底座上描绘着黑天的各种事迹，很是精美。它与一尊栩栩如生的湿婆像并列为这里的镇馆之宝。

东阳馆

展示当年占婆首都东阳的历史

东阳馆内主要收藏了当年作为占婆王国首都的东阳的文物，这里的藏品包括很多石雕人像，这些人像表情夸张，其中最大的一座高2米多，丰唇大鼻，脚踏一头大熊，表情狰狞可怖，推测是古代类似于中国门神的一种造像，可以保佑家宅平安。

必玩 04 平定馆
展现了占婆自盛而衰的过程

　　平定也是占婆王国历史上的重要时期，它代表了占婆从盛而衰的过程，这时候的艺术趋向形式化，缺乏原创性。馆内收藏了马卡拉神兽石雕和迦楼罗石雕，这些雕像细节处相当精致，而且吸收了爪哇等地的艺术风格，有很高的艺术价值。

越南攻略　岘港

04 五行山

五座风格各异的山峰

Tips
🏠 Ngu Hanh Son ¥ 10000越南盾

　　从岘港往东南走10公里，会看到五座拔地而起的山峰，这就是著名的五行山，人们根据中国传统的"金木水火土"五行为这些山峰命名。在五座山峰中，以海拔108米的水峰景色最为优美，山间有不少幽深神奇的洞窟和庄严神圣的古寺，俨然一个神佛居住的圣地，可以说是"山不在高，有仙则名"这句话的最好注解。

05 海云关 `75分!`
越南第一天险 ★★★★ 赏

Tips
🏠 海云山口,富禄,承天顺化省

海云关位于越南中部,居于顺化和岘港两座大城市之间,东部临海,西接高山,向来是越南首屈一指的天险,兵家必争之地,从古到今也不知道经历过多少次战争的洗礼。在对抗法国殖民者和美国侵略者的战争中,这里也发挥过重要的作用。站在海云关上,遥望绵绵群山和浩瀚大海,一种怀古抚今的情怀油然而生。

越南
攻略HOW

Part.8

会安是坐落在守崩河边的一个越南古镇，早在17世纪就成了国际贸易港，中国、日本和欧洲的文化在这里完美交融，留下了许多历史悠久、特色鲜明的古建筑。后来由于淤泥导致河道越来越窄，港口渐渐荒废，会安也就因祸得福，得以完整地保留了下来。会安曾被评为"全球最佳旅游目的地"之一，更是曾在"亚洲十大旅游城市"评选中，受欢迎程度仅次于日本京都，每年都有越来越多的游客汇集到这里。

会安 特别看点！

第1名！
会安古城老街！
100分！

★ 宝贵的世界文化遗产之一！东南亚最古老的历史文化遗迹！

第2名！
美山占婆遗迹！

90分！

★ 辉煌的古占婆王国宗教遗址！越南的吴哥窟！

第3名！
古岱海滩！
75分！

★ 会安最著名的海滨旅游娱乐胜地！宁静休闲之选！

---

01 会安古城老街 100分！
参观各国传统风格的古宅 ★★★★  逛

会安是越南最重要的海港城市之一，它在16~18世纪时就是东南亚最重要的国际港口，云集了荷兰、西班牙、中国、日本等国家的商人，因此这里的古城区也颇具异国风情，尤其各种老式住宅更是这里的无价宝藏。漫步在大街上，各种结合了中、日、越风格的木造老宅尤其吸引人们的眼球，从屋顶结构就能看出这些建筑的区别，其中屋顶呈圆弧形并且有复杂雕花的肯定是中国风格，使用叉手斜梁结构的是越南风格，如今这些老宅很多都保持着最初的样子，诉说着会安过去的辉煌历史。

Tips
Hoi An Old Town　￥75000越南盾

02 陈氏家祠
华侨后裔所建的祠堂　★★★ 赏

　　陈氏家祠建于1802年，是当地的华侨后裔陈思乐所建，陈思乐本人在阮朝时期曾经通过了科举考试，当上了政府官员，并得以出使中国。这座祠堂以中式风格为主，不过在很多细节部分还是能看出不少日式特色。祠堂前半部分供奉着祖先的牌位，这里的正门只会在春节等传统节日的时候才会打开。后半部分则是家族成员的居所，依然还沿袭着过去的陈设，黑漆的楼梯、蓝布的门帘等，让人感受到浓郁的中国风韵，十分亲切。

Tips
21 Le Loi

03 冯兴古宅

●●● 拥有200多年历史的老屋　　★★★★ 赏

Tips
 Nguyen Thi Minh Khai 4

　　冯兴古宅可以说是会安历史最悠久的古建筑之一，距今已经有200多年历史了。因为古宅建于河边，为了防水，所以使用了上等的木料建造，至今依然保存完好。这间屋子可以说是三位一体，屋顶使用了日式的交叉柱，上面的窗户则是标准的中式通风窗，其余部分是越南风格，比如开放式的回廊等。为了在水灾时方便行动，2楼地板上还开有活动门，以便到时候船只可以直接进入住宅。此外，到处都能看到精美的雕刻，大多是有喜庆含义的图案。

04 日本廊桥

●●● 具有日本风格的廊桥　　★★★★★ 赏

　　在会安城中有一座日式廊桥，叫做来远桥，这座桥结合了桥与寺的作用，设计精巧，内部装饰也很细致，是日式建筑的精品。这里会经常利用桥内的空间举办一些艺术展览，是当地一处颇有特色的艺廊。

Tips
 My Son ☎ 0501-731309 ￥ 60000越南盾

05 福建会馆
福建移民在越南历史的见证

21 Le Loi

中国风情浓郁的福建会馆最初是在会安居住的福建侨民修建的族群集会场所，之后被改建成为供奉妈祖的寺庙。走进这座古朴的建筑内，不仅可以看到工艺精致的壁饰和雕像，同时也可以看到中国帆船的复制品。

越南攻略　会安

06 海南会馆
供奉108座牌位 ★★★★ 赏

10 Tran Phu

海南会馆建于1875年，是当地海南华裔修建的。这里最值得的一提的当属在正殿中供奉的108座牌位，这些人是来自海南的商人，1851年的夏天，他们在前往顺化一带做生意时被当地的官兵抢劫并杀死，而且被当作海盗上报邀功。后来在越南朝廷的调查下真相大白，杀人者也受到了应有的惩罚，从此这108人就被当地华裔商人尊为海上的保护神，希望庇佑他们行船安全。此外，这里还供奉着昭应公等海南传统的神祇，很值得一观。

07 川布街103号老屋
美丽的会安老屋 ★★★★ 赏

103 D Tran Phu

位于会安古城川布街的103号老屋外观古朴，木质的正面外墙与百叶窗雕工精美，内部现今被辟为商店，除了出售各种做工精美的旅游观光纪念品外，还有当地妇女在这里现场制作丝质提灯。

08 陶瓷贸易博物馆
展示旧时繁忙的陶瓷贸易 ★★★★ 赏

Tips
📍 80 Tran Phu

会安是13～19世纪海上丝绸之路的重要枢纽,而陶瓷更是东西方交易的重要内容。这些陶瓷交易的主要市场就是在会安,因此在会安的考古遗迹中发现过产自中国、日本、泰国等地的陶瓷制品。这座陶瓷贸易博物馆就是为了展示会安漫长的陶瓷贸易历史而建的,这里一共展示了430多件各国的陶瓷制品,年代大多集中于13～17世纪。这些陶器大多烧制精美,上面的图案和色彩都颇具各国的特色,中国的青花瓷、日本的黑瓷、泰国的青瓷等应有尽有,堪称是一座艺术品宝库。

09 历史文化博物馆
会安古老历史的展现 ★★★★ 赏

会安地区历史悠久，人杰地灵，历史上曾经十分繁荣。这里的历史大致可以分为三个阶段，即原始时期、占族时期和大越时期，历史文化博物馆内的藏品也是按照这三个阶段来摆放的。不过这座博物馆规模并不大，所展示的藏品大多是一些黑白照片或手工艺木制品，只能将会安的历史风貌粗浅地展现给人们。不过，想要了解会安这块宝地，去当地的大街上走一遭便已足够。

Nguyen Hue 7

10 沙黄文化博物馆
越南最古老的沙黄文化 ★★★★ 赏

沙黄文化是越南最古老的人类文明之一，兴起于公元前1世纪左右。沙黄人善于制造铁器，据推测可能是后来占婆文化的前身。在这座专门展示沙黄文化的博物馆里，陈列了不少当时所使用的陪葬用品，不过其中很多并不是产自越南，比如用水晶、锆石等制作的串珠项链，或是汉朝的铜镜等物品，这反映了当时越南和中国等国家之间发达的海上贸易。这座博物馆的二楼是革命博物馆，展示了不少越南革命时期所使用的武器，也颇有看头。

14 Tran Phu

11 福清寺
会安最古老的宝塔 ★★★★ 赏

Tips
🏠 Khu Vuc 7,Tab An

福清寺是会安最古老的寺庙之一，尤其寺内的福清塔更是有560年的历史。这座宝塔里保存了很多当年所使用的法器和生活用品，包括200多年前的石锣以及更古老的鲤鱼形状的木锣等等，从另一个侧面反映了会安这座城市悠久的人文历史。

12 关公庙
商人们的信誉中心 ★★★★ 赏

Tips
🏠 24 D Tran Phu

关公庙也称老爷寺，由当地华裔商人建于1653年，专门用来供奉中国人信仰的关帝爷。这座建筑总体呈国字型，屋顶上盖有青龙琉璃筒瓦，还用精美的脊兽作为装饰，并镶嵌有各色陶瓷瓦片，显得金碧辉煌。内部则分为前厅、天井和正殿三个部分，正殿中供奉有关帝爷的塑像和牌位。当时商人们进行各种商业交易都会在这里完成，取的就是关帝爷注重信誉、义薄云天的精神，一旦在这里定下契约，便不得反悔。

13 古岱海滩

75分!

著名的海滨胜地

★★★★ 玩

Tips

会安往东5公里

古岱海滩是会安附近最著名的海滨娱乐胜地，这里距离会安市区约5公里，环境优越，没有遭受过污染，所以海水纯净而清澈，沙滩上也是一片自然的景象，在这里漫步显得相当有情调。海滩上还有不少各国投资的高档度假酒店和旅馆，每个游客都能在这里选择适合自己的地方入住，进行娱乐的同时，还能享受到优质的服务，可谓一举两得。

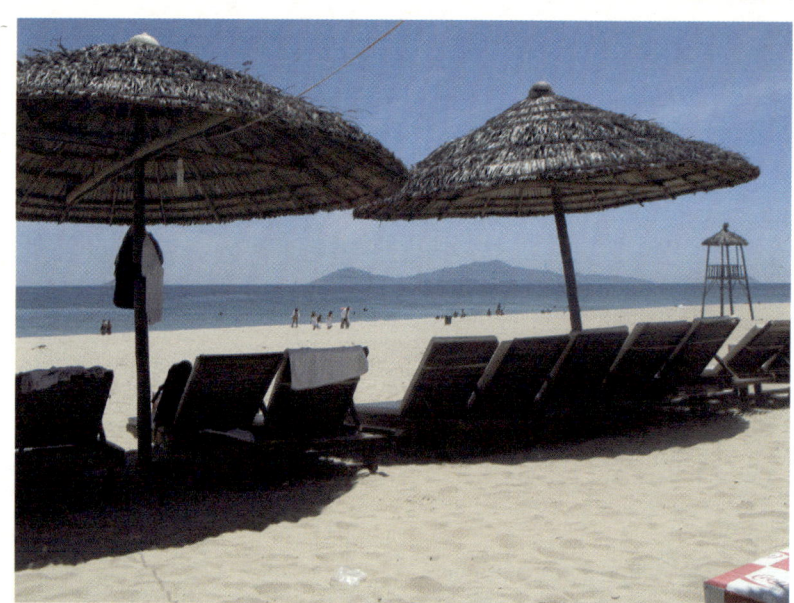

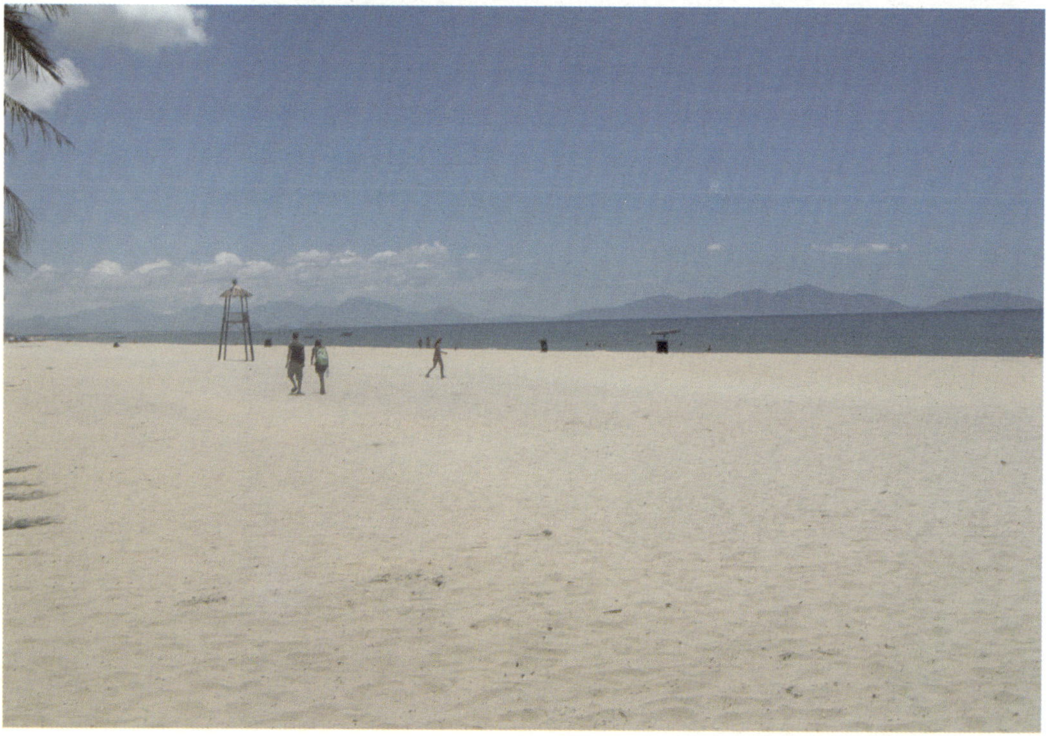

14 美山占婆遗迹 90分！

越南吴哥窟

★★★★★ 赏

Tips
🏠 My Son ☎ 0501-731309 ¥ 60000越南盾

位于会安西面的美山占婆遗迹是曾经的占婆王国的圣地所在，有很多祭祀印度教主神湿婆神的寺庙，被人称为"越南的吴哥窟"。这里的建筑遗迹拥有典型的占婆风格，在砖与砖之间没有结合物，整个寺庙就像搭积木一样搭建起来，不过这样居然也能保持数百年之久，不能不说是一个奇迹。

越南攻略 | 会安

越南
攻略HOW

Part.9 大叻

　　平均海拔1405米的大叻是越南海拔最高的城市之一，这里四季如春，城市周边多松林、湖泊、瀑布，自然风光非常难得。自从1893年一位法国医生发现了这个美丽如画的城市，建立了第一座疗养院后，这里就成了法国人最钟爱的度假胜地。大叻因为地处山岭之间，交通闭塞，所以成功躲过了数次战争，环境保护得非常好。如今这里依然到处都能见到独特的法式建筑，仿佛一个位于阿尔卑斯山旁边的欧洲山城，所以也有"小巴黎"的美誉。

大叻 特别看点！

第1名！
大叻教堂！

100分！

★ 华丽的哥特式教堂！拥有最醒目的高大尖塔标志！

第2名！
庞卡尔瀑布！

90分！

★ 越南最大最雄伟的瀑布！著名旅游胜地之一！

第3名！
吉仙国家公园！

75分！

★ 越南最大的热带雨林森林公园！新兴的自然风景区！

01 大叻花园
位于市中心的秀美景观

 赏

大叻本来就是一座秀美的园林城市，而大叻花园则是这里最具观赏性的地方，去过那里的游客都赞不绝口。这座花园位于市区的中心，里面盛开着各种鲜花，将附近那些欧式风格的建筑装点得美轮美奂，极具浪漫风情。这里的鲜花种类众多，有来自世界各地的美丽花木，一只只色彩斑斓的蝴蝶在花丛中翩翩起舞。

Tips
📍 2 Phu Dong Thien Vuong
💴 8000越南盾

02 大叻火车站
具有欧陆风情的火车站　★★★★★ 赏

火车站是大叻的标志性建筑之一，它是20世纪初由法国殖民者所建，有着鲜明的欧陆风格。现在这个车站是大叻的诸多旅游路线的起点，独特的窄轨铁路吸引了众多喜欢怀旧的游客。大叻火车站造型华美，橘红色的屋顶和精巧的尖塔给人异域风情的感觉。游人们能在这里乘坐独特的小火车游览周边景点，坐在颠簸的火车上，看着越南的田园风情在身边掠过，不由得陶醉在这无边的美景之中。

Tips
📍 双鸡湖东500米处

03 观音寺

大叻第一名寺

★★★★★

双鸡湖东500米处

作为佛教兴盛的古国中的历史名城，大叻自然有很多古寺，观音寺是其中最著名的一座。这座寺庙环境清幽，古寺的建筑造型精美典雅，给人以宁静淡泊的感觉。观音寺的独特之处在于寺内居住着一位佛教绘画大师，他声名远播，经常有人来到这里参观那些极具现代感的艺术作品。大师的作品在继承佛教绘画传统艺术风格的同时，又吸收了西方的艺术精华，所创作出的画具有强烈的印象派风格，与艺术大师梵高的作品颇为神似。

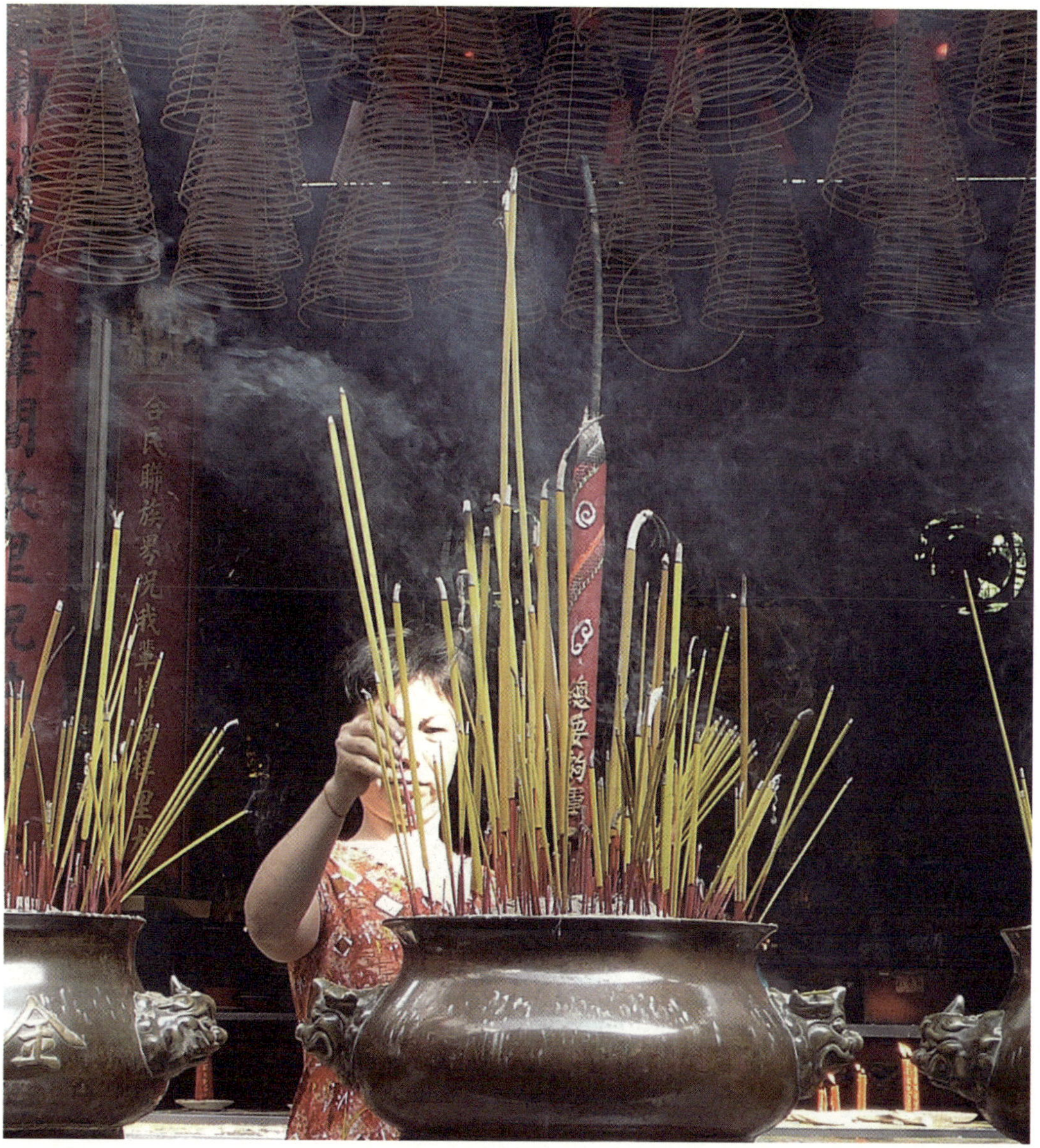

04 大叻教堂 100分! 赏
华丽的哥特式教堂 ★★★★

Tips

📍 Tran Phu, Dalat Novotel Hotel

　　大叻教堂是大叻的胜景之一，它的造型典雅大方，身姿绚丽多彩，高大的尖塔是它最醒目的标志。这座教堂一反哥特式建筑那凝重而略显阴森的传统，由明快的红色砖石砌筑而成，虽饱经风吹雨打，但容颜依旧靓丽。教堂墙壁上有高大的彩窗，柔和的阳光从那里照射进来，营造出安宁祥和的氛围。大叻教堂不仅是附近天主教徒的信仰中心，也是当地市民的集会场所之一，来到这里的游客能看到一些有趣的宗教活动。

05 大叻电视塔 赏
位于古城内的高铁巨龙 ★★★★

Tips

📍 春香湖畔

　　大叻的建城历史虽然不长，却有着典雅的古城气息，众多传统的法式建筑将这里妆点得美轮美奂。高大的电视塔是这座小城的现代建筑的代表作，这座高塔仿照著名的埃菲尔铁塔，有着优美的身形，并与周围的古老房屋形成鲜明的对比。每到夜幕降临的时候，电视塔就会亮起耀眼的光芒，给这座宁静的小城增添了几分浪漫的气息。游人们可以登上电视塔的观光层来俯瞰大叻的城市美景，还能瞭望周边的山林和田园风光。

越南攻略　大叻

181

06 大叻市场

出售各种旅游物品的集市

Tips
Central, Dalat

大叻市场是当地著名的集市之一，这里有很多当地山区的特产和农产品出售，包括各类蔬菜水果和杂货，各种货物琳琅满目，让人眼花缭乱。漫步在市场上，能看到很有地方特色的手工艺品，那些造型有趣的越南式咖啡壶，让人爱不释手。来到这里，还能品尝味道鲜美的水果，许多都是当地的特产。大叻市场还是一个鲜花市场，四处可见艳丽的花朵，给人以花团锦簇的感觉。

07 春香湖
位于市中心的秀美湖泊

★★★★ 赏

Tips
Central, Dalat

春香湖是大叻最著名的水上景区，它位于小城的中心地带，悠然而宁静。这座湖泊的四周林木葱茏，鲜花盛开在翠绿的草坪之中，典雅的欧式建筑若隐若现，给人以无限美好的感觉。漫步在春香湖畔，可以看到在水中巡游的鱼儿，偶尔也能见到在此处觅食的天鹅，它们是这里最为亮丽的风景。游人可以坐在湖边的太阳伞下品一杯香浓咖啡，放松自己的身心，或是踩着水上单车在湖面上玩耍。每到夕阳西下之时，湖面上倒映的美景令人心动不已。

08 情人谷

充满浪漫气息的景区 ★★★★ 赏

Tips
📍 D Phu Dong Thien Vuong　￥6000越南盾

情人谷是大叻近年来新开辟的景区，那里景色秀美，充满浪漫气息，是情侣们最喜欢去的地方。这里最重要的景点是一个一碧如洗的人工湖，游人可以在湖边漫步，欣赏周围的诸般美景。情人谷有着幽静的氛围，造型典雅的欧式建筑掩映在林木之中，在树林中散步会有神清气爽的感觉。泛舟湖上，可以将身心融入到这秀美的山光水色之中。

09 保大3号避暑行宫

保大国王的行宫

Tips
¥ 7000越南盾

保大避暑行宫是越南最后一代国王保大的行宫,是一组占地庞大的建筑群,现在只有3号宫殿对外开放。它是一座充满浪漫风情的法式建筑,建于20世纪20年代,黄色的外墙典雅大方。每到炎炎夏日,越南王室的成员就会来到这个位于山间的清凉之地避暑度假。这里房屋内的装饰和物品摆设一直保持原样,许多精美的艺术品令人赞叹不已,游人可以在这里感受越南王室的生活氛围。保大避暑行宫的视野良好,在这里可以遍览周边地区的美好风光。

10 浪平山

● ● ● 景色秀美的峰峦

★★★★★ 赏

浪平山是大叻的山林景区，在当地很有名气，给来到这里的游客留下了深刻的印象。这座秀美的山峰一直保持着原始风貌，山体挺拔，林木葱茏，还有野生动物在其间出没。游人来到山顶，可以俯瞰周边的美丽风光，山脚下则有一座越南古寨，在那里可以欣赏风情无限的当地民族舞蹈，还能品尝各种美味的食物。浪平山的开发历史较为短暂，没有很好的登山道路，游客需要在导游的带领下攀爬前进，在爬山的过程中需要注意安全。

Tips
🏠 大叻西北12公里　¥ 5000越南盾

11 普涟瀑布

● ● ● 精巧秀美的瀑布

★★★★ 赏

Tips
🏠 Prenn Pass末端小山谷中

普涟瀑布是大叻的名胜之一，它虽然没有雄伟壮观的气势，却有着精巧秀美的风光，自古以来就是越南人趋之若鹜的地方。每到雨季的时候，波涛汹涌的水流从天而降，颇有些雄壮的感觉；到了旱季，清澈的溪流会给人带来清凉的感觉。来到这里的游人不仅可以欣赏各种美景，还能参加各种有趣的娱乐活动。

12 | 恒娥别墅
充满奇思妙想的别墅 ★★★★

Tips
🏠 3 D Huynh Thuc Khang ☎ 063-822070 ¥ 8000越南盾

　　大叻是一个遍布近现代建筑的城市，恒娥别墅就是一座独具魅力的现代建筑。这座房屋动工于1990年，是由留苏女设计师邓越娥所设计的，它一反传统苏式建筑质朴、厚重的特点，采用当下流行的前卫设计风格。恒娥别墅每间房屋的造型各不相同，都有各自的主题，它们大都以自然界的景物为主题，也有以鹰、袋鼠、熊等野生动物为主题的房间，充满天真可爱的童趣。

13 叹息湖

流传着动人传说的湖泊

🏠 大叻西北6公里　¥ 5000越南盾

叹息湖有着美丽的自然风光，但它却是以一个凄婉动人的爱情故事而得名的。据说在很久之前，有一对年轻人相互爱慕，但是双方的家族相互对立，最后这对有情人在此殉情自杀，据说湖边仍留有当时的印记。湖边的山光水色秀丽无比，葱茏的林木间有可爱的野生动物的身影，来到这里的游客都会被它所吸引。叹息湖湖水湛蓝，倒映着蓝天白云，并与周围的景色相互衬托，让人心旷神怡，忘却一切烦恼和忧愁。

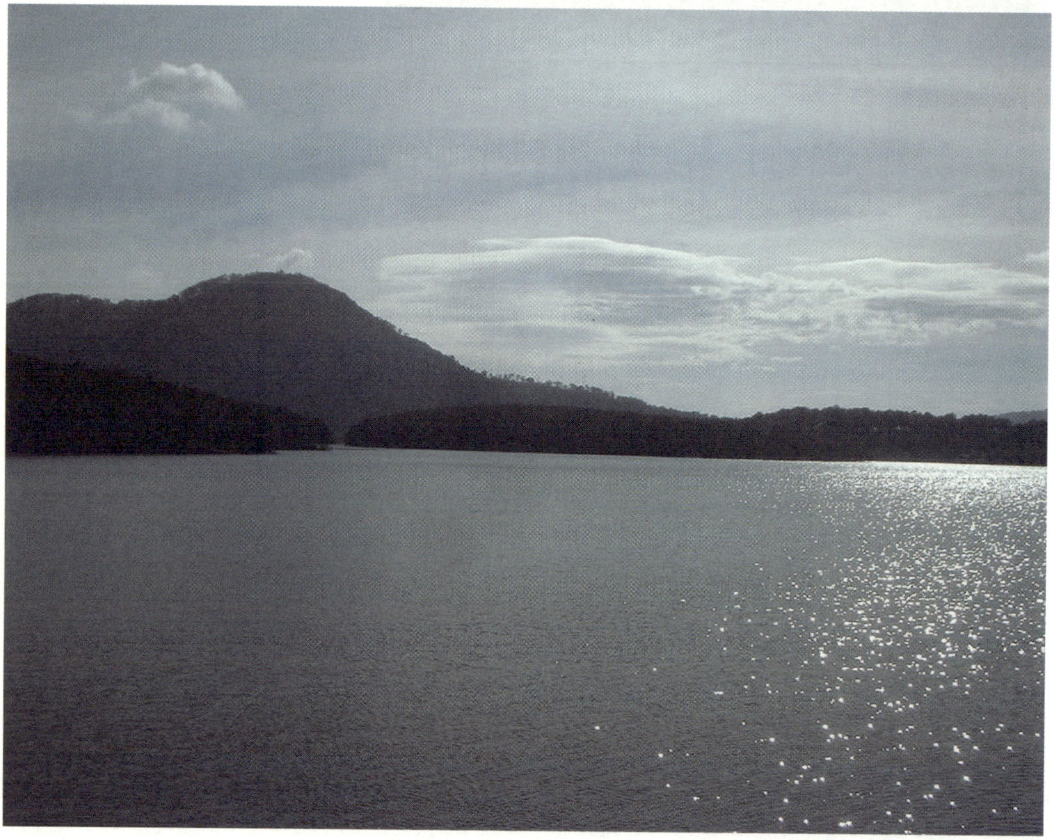

14 庞卡尔瀑布 90分!

气势雄伟的瀑布 ★★★★ 赏

庞卡尔瀑布是越南的名胜之一，它气势雄伟，落差为25米，是该国最大的瀑布之一。走近这座瀑布，可以看到奔腾不息的水流穿过多级台阶冲到下方的水潭之中，溅起片片水花，如果天气晴好的话，还能看见鲜艳的彩虹。庞卡尔瀑布还是附近僧侣修身养性的地方，来到这里的游人经常可以看到僧侣在水流较为平缓的台阶上念经诵佛，进行各种宗教活动，这也成为当地的一大特色景观。在雨季的时候，这个瀑布会形成一个独特的圆弧形，颇为壮观。

Tips
大叻西南55公里处　5000越南盾

15 胡志明小道
越南战争中的生命之路 ★★★★ 赏

胡志明小道是"二战"之后最著名的军用道路之一，它是北越共产党政府支援南越人民反抗暴政和美国侵略者的道路，被誉为越南战争中的生命之路。大叻有胡志明小道的必经之地，虽然主干道已经被扩建为现代化的混凝土道路，但还有许多原封不动的支路、岔道可供人参观。行走在雨林之中，可以感受到当时条件的艰苦。这里保存了当时许多珍贵的图片和文字资料，当时所用过的各种器具也陈列在人们面前。

Tips
🏠 Trail to Kon Tum

16 丹布里瀑布
大叻附近最高的瀑布 ★★★★ 赏

丹布里瀑布是大叻周边最高的一处瀑布，游人可以乘坐升降机去瀑布下面欣赏气势磅礴的瀑布打在谷底溅起的水花，晴天的时候，还能在这里欣赏到瑰丽的彩虹，别有一番感受。

Tips
🏠 大叻西南75公里处　¥ 10000越南盾

17 吉仙国家公园

75分!

越南最大的热带雨林森林公园

★★★★ 赏

Tips

Cat Tien National Park

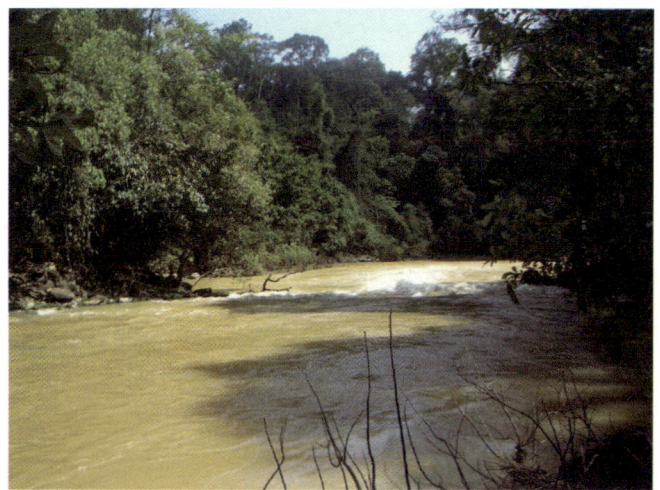

吉仙国家公园占地71920公顷，为越南最大的热带雨林区，也是一个新兴的自然风景区。这里的生态环境虽因为越南战争的缘故遭到了不同程度的破坏，但在战后得到了很好的恢复，来到这里的游客能够看到雨林、溪流、沼泽等多种自然景观。吉仙国家公园也是越南野生动物的重要聚集地之一，老虎、犀牛等野生动物都会在这里出现。来到这里的游人不仅能够体验热带雨林的独特生活方式，还能品尝各种独特的美味佳肴。

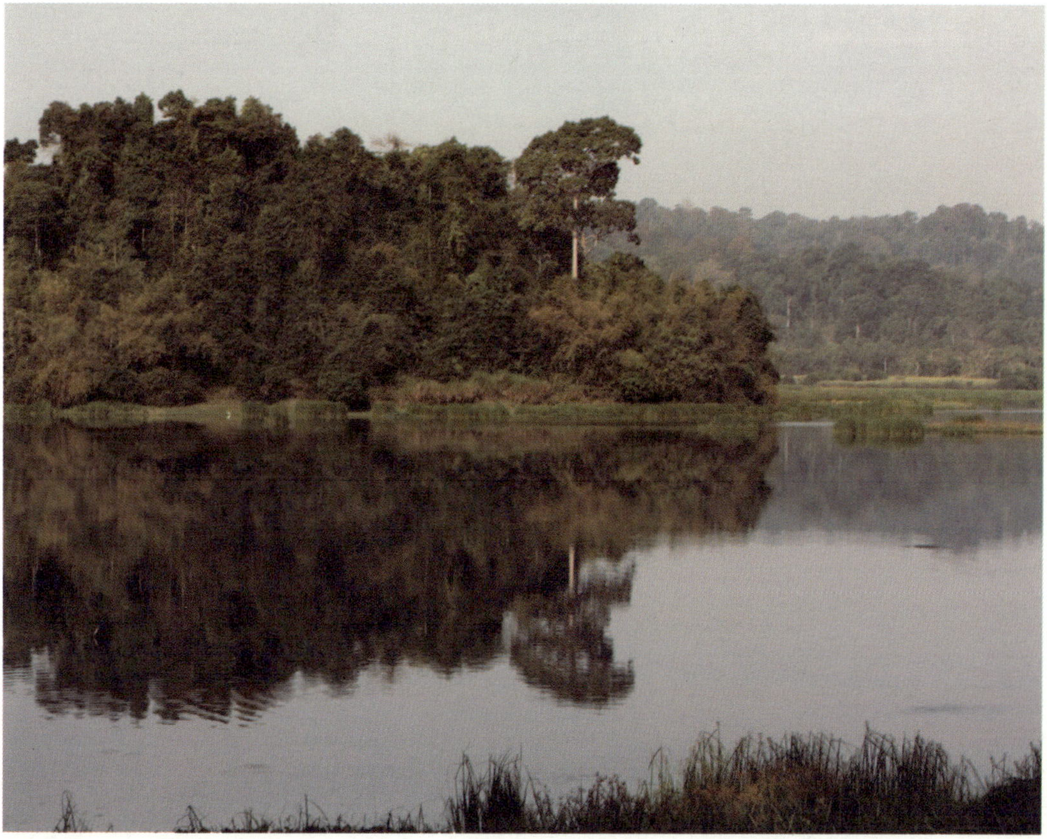

越南
攻略HOW

Part.10 芽庄

  位于越南南部海岸线最东端的芽庄是越南众多海滨城市当中一个较为僻静的海边小城，早在越战时期，美军便将这里作为度假胜地。芽庄拥有越南最好的海滩，绵延数公里的白色沙滩一望无际，周边海域还有各具特色的小岛，清澈的海水、千姿百态的珊瑚，和色彩斑斓、种类繁多的鱼类一起造就了这个越南著名的潜水胜地。与开发火热的下龙湾相比，芽庄的恬静内敛渐渐受到更多外国游客的关注。

芽庄 特别看点!

第1名!
龙山寺!

100分!

★ 高大的哥特式教堂！越南的标志性建筑之一！

第2名!
芽庄海滩!

90分!

★ 景色秀美的海滨浴场！享受日光浴的好地方！

第3名!
芽庄大教堂!

75分!

★ 高大的哥特式教堂！越南的标志性建筑之一！

---

01 | 芽庄大教堂 75分!
高大的哥特式教堂

芽庄大教堂是芽庄的名胜之一,它建于法国殖民者统治时期,是当地的标志性建筑之一。这是一座典型的哥特式教堂,高大的尖塔是它最引人注目的地方,灰褐色的砖墙给这里带来了庄严肃穆的气息。尖塔屋檐下的墙壁上镶嵌着四面时钟,它曾是当地人用于对时的工具。教堂内部空旷,柔和的阳光从一扇扇彩窗中照射下来,给人以温暖的感觉。位于祭坛上的巨大十字架造型庄严,它的两侧还悬挂着精美的壁画。

Tips 从芽庄火车站步行可到

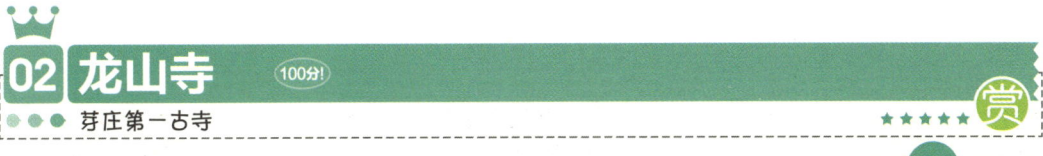

02 龙山寺 (100分!)
芽庄第一古寺　　　★★★★★ 赏

建于19世纪末期的龙山寺是芽庄著名的宗教建筑之一,也是当地著名的旅游景点。这座寺庙受到中华建筑风格的影响,有飞檐斗拱、雕梁画栋等。龙山寺内最著名的景点当属那座位于寺庙后方的大佛,它高达24米,在芽庄市区内的任何地方都能看到,已经成为这个城市的象征。大佛是一座通体洁白的释迦牟尼像,释迦牟尼安坐于莲花之上,脸部的表情安详宁静,俯视着众生的欢乐与烦扰。寺院里的墙壁上雕刻着精美壁画,都取材于佛教典籍。

Tips D23 Thang 10

03 芽庄本土市场

不可错过的热闹市场

逛 ★★★★

芽庄本土市场是每个来到芽庄的游客必去的地方，也是这里最热闹的市场。这片规模不小的市场出售衣食住行各个方面的商品，衣帽鞋袜、家用百货，一样不缺，其中各种生鲜水产更是受人们青睐。走在本土市场的街道上，耳边响起叫卖声，就好像在看着一幅越南风情画一般。不过在这里购物务必要小心，商品质量良莠不齐。

Tips
Nha Trang, Khanh Hoa ☎58-3822335

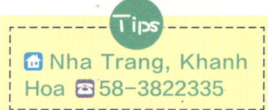

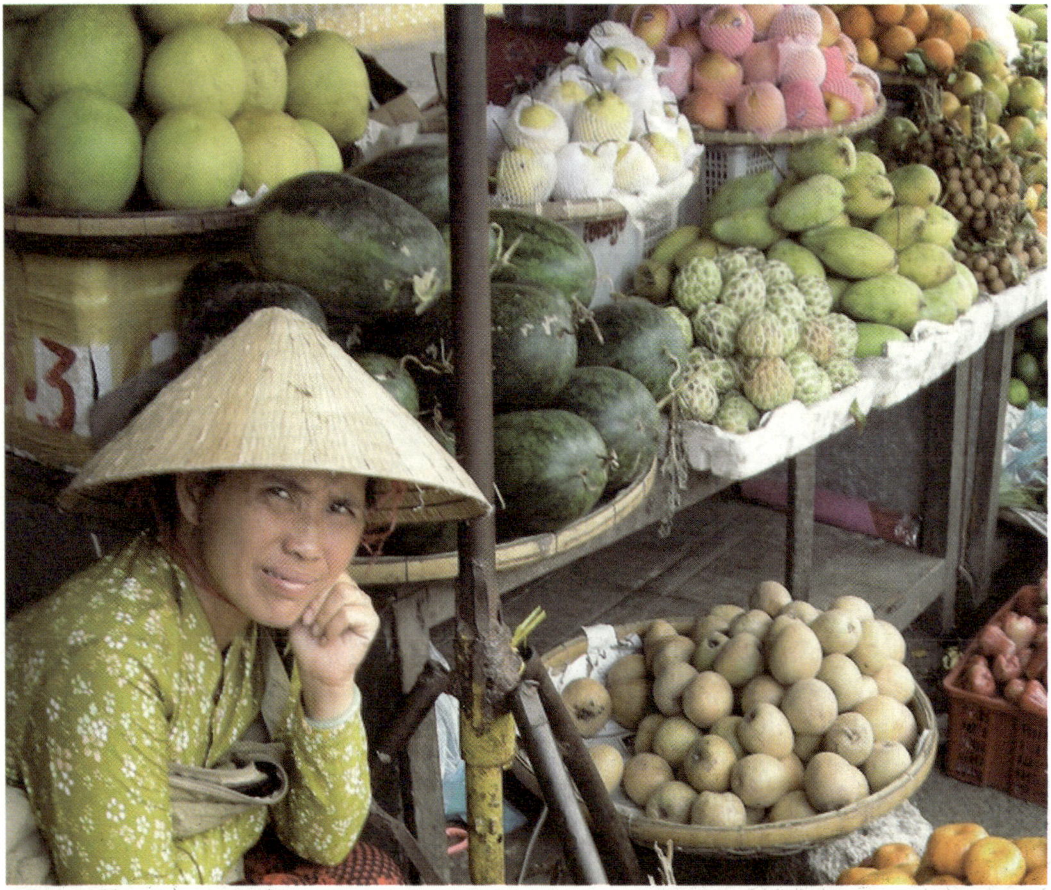

04 打鼓山宝塔

宝塔和卧佛相映成趣

赏 ★★★★

Tips
番切以南28公里

打鼓山宝塔始建于19世纪，后来在历次战争中，这座塔损害严重，不得不于20世纪60年代重建。重建后的宝塔虽然不高，但是却继承了原来宝塔那典雅古朴的风格，和周围的自然风光有机地融合在一起，显得非常漂亮。宝塔身后还有一座通身雪白的卧佛像，这座佛像长49米，雕刻十分精致，在一望无际的绿色草地上十分显眼。

05 天依女神庙

古老的印度教神庙

★★★★ 赏

天依女神庙也称婆那加占婆塔，是一座拥有1000多年历史的印度教神庙。天依女神被认为是古代占婆王国南部的保护神，据说主要保护渔人们出海平安，类似我国的妈祖，深受当地人的敬仰。这座神庙有着典型的印度教风格，类似于吴哥窟的造型，但是规模和精致程度都要差很多。来这里敬香祈福的不光有越南本地人，还有不少这里的华人。

Tips
🏠 D 2Thang 4　¥ 4500越南盾

06 芽庄海滩 90分!

景色秀美的海滨浴场

Tips
Nha Trang's 6Km Beachfront

芽庄海滩是当地最有名的景点,来自世界各地的游客能够在这里欣赏秀美的自然景观,享受海边的浪漫风情。这片海滩附近小岛众多,经常有游客乘渔船出海,有的是去体验渔民的生活方式,有的则是去游览那些颇具特色的小岛。芽庄海滩沙质柔软,光照充足,是享受日光浴和进行各种海滩运动的好地方。黄昏时分,游人可以漫步在海滩上,一边欣赏壮丽的落日余晖,一边前去品尝餐厅里出售的各种风味美食。

07 芽庄岛

假日休闲的好去处 ★★★★ 玩

芽庄附近海域岛屿众多，游人可以乘船游览其中的妙岛、木岛、竹岛和燕岛四座岛屿，在这些无人居住的小岛上，游人不仅可以在岛上的树林里和沙滩上游览观光，还可以下海潜水，是假日休闲的绝佳去处。

Tips

芽庄北部海域

越南攻略

芽庄

08 美奈海滩

风景秀美的海滨景区 ★★★★

Mui Ne Beach

沿海的美奈拥有越南唯一一处沙漠地形,这里是越南著名的海滨旅游区,由柔软的白色细沙所组成的白沙丘是这里的特色,游客可以在此体验到滑沙运动和赤足奔跑带来的乐趣,也可以在海滩的椰子树下尽情放松身心,享受假日悠闲时光。

09 普东水上乐园

海滩上的游乐园 ★★★★ 娱

毗邻沙滩的普东水上乐园为不喜欢下海游泳、潜水的游客提供了另一种选择,游乐园内不仅有陆地游乐园常见的各种游乐项目,同时还建有滑水道、儿童泳池和喷泉等设施,突出了其水上乐园的特点。

Tips
D Tran Phu ¥ 20000越南盾

10 占婆庙

造型精美的印度教庙宇 ★★★★ 赏

占婆庙位于芽庄北部，地处开河的出海口。这是一座7世纪时修建的印度教庙宇，里面的建筑大多都是金字塔型屋顶，拱形的大门，是典型的占婆建筑特色。这里原本有8座大型宝塔，如今因为战火、风化等原因仅剩下4座，不过依然气势十足，壮观非常。在最北的一座宝塔门口，还有一处精美的湿婆浮雕，是保存下来的少数浮雕精品之一。

Tips
Cai River出海口
¥4500越南盾

11 保山常塔

千年古佛塔 ★★★★ 赏

Tips
美奈郊区 ¥2000越南盾

保山常塔是一座有1000多年历史的占婆佛塔，虽然如今早已不复往日的风光，但是建筑的主体依然保存完好。这座塔造型优美，线条流畅，代表了占婆建筑艺术的高峰。尤其是保山常塔门口的两根红色大圆柱，体态优雅，令人赞叹。除了宝塔外，在周围原有不少其他建筑，不过如今只剩下了红色的瓦砾。

越南
攻略HOW

Part.11
越南其他

越南其他 特别看点!

第1名!
羚岛!
100分!

★ 风光迷人的美丽小岛！拥有大量热带果园和树林！

第2名!
永隆水上市场!
90分!

★ 规模不小的水上市场！在船上进行交易！

第3名!
富国岛!
75分!

★ 越南最大的岛屿！保持了原始风光的岛屿！

---

01 羚岛 100分!

热带雨林风情游 ★★★★ 赏

204

拥有大量热带果园和树林的羚岛又被称为泰山岛,是一座风光迷人的美丽小岛,游人可以乘船顺着水道游览这里的热带沼泽和茂密树林,也可以坐在竹棚下欣赏越南民歌,品尝木瓜、芒果、菠萝、人参果、龙眼、火龙果、红毛丹等各种新鲜美味的热带水果。

Tips
North Terrace, Adelaide SA 5000

02 天道教教坛
纪念椰子和尚

★★★★ 赏

天道教教坛位于湄公河的椰子岛上。天道教是新兴宗教,是由一位叫做椰子和尚的僧人将佛教与天主教的教义结合起来创建的。这座教坛则是当时天道教的总坛所在,如今这里已经改造成椰子和尚本人的纪念馆,在馆内介绍了他的生平,并且通过各种文字、图片资料将他创教和传教的历程展示了出来,从一个侧面反映了越南当时的历史。

Tips
Phung Island

205

03 永隆水上市场 `90分!`
规模不小的水上市场

★★★★

永隆是湄公河畔著名的小城,这里的人因地制宜,利用湄公河形成了一个规模不小的水上市场。这里最大的特色就是所有的商家和顾客都要乘船,无论是讨价还价还是交易付款都要在摇摇晃晃的船上进行,让人觉得既新鲜又有趣。这里出售的商品大多是新鲜的果蔬,客人们可以买上一点来吃,然后坐船继续前进。

Tips
🏠 Cai Be

04 丰田水上市场
规模虽小但是相当热闹的水上市场

★★★★

丰田水上市场虽然在规模上不如永隆和芹苴的水上市场,但也是当地人进行交易的主要场所,数十艘小船聚在一起,讲价声、吆喝声混成一片,给人一种东南亚独有的浪漫感觉。因此这里也就成了外来游客拍照留影的好地方,除了买上一些小东西以外,这收获了当地人的笑脸。

Tips

🏠 20 Km Southwest from Cantho

05 街岚水上市场
感受越南人的水上生活 ★★★★

Tips 100 Km Southwest from Ho Chi Minh City

芹苴作为湄公河畔的城市，这里的居民日常生活都离不开水，做饭、洗衣、玩耍等几乎都在水边，商业活动自然也不例外。这里有著名的街岚水上市场，可以看到人们驾驶着摆满新鲜果蔬和生猛海鲜的船只在水里行进，而水上餐馆也是这里的一处景观，游人坐在一艘艘小船中，品尝着鲜美的鱼虾，真是一种享受。

06 川清保护区
欣赏珍稀鸟类的保护区 ★★★★

Tips Cao Lang

在柬埔寨著名的吴哥窟遗迹可以看到古代人描绘萨勒斯鹤的浮雕图案，现今这种珍稀的萨勒斯鹤仅仅在柬埔寨西北部和越南的川清保护区保存有为数不多的个体，吸引了无数爱鸟的游人专程前来欣赏这些体态优美的萨勒斯鹤在水面嬉戏的身影。

07 富国岛 （75分!）
保持了原始风光的岛屿 ★★★★ 赏

富国岛是越南最大的岛屿，它位于暹罗湾中，是一个由22个大小岛屿组成的群岛中最大的一座。这座岛的自然环境还没有完全被人类开发，因此到处都是充满原始风情的景色，是人们享受大自然的最好去处。人们可以在这里享受各种充满野趣的活动，其中钓鱼是最受人们欢迎的，这片海域鱼多人少，技术好的人绝对可以满载而归，再搭配当地特产的鱼露，一顿丰富的海鲜大餐一定让人难忘。

> **Tips**
> Phu Quoc Island

08 富国岛温泉
位于海岛上的温泉 ★★★★ 娱

富国岛是位于泰国湾上的一个小岛，它曾经是王公贵族们的度假地，现在则是越南最著名的温泉景区。这里的温泉水质良好，具有强身健体等功效，可以一边浸泡在温泉中，一边欣赏富国岛的美丽风光。游人既可以在沙滩上漫步，也可以前往岛上的原始森林中一探究竟。在清澈的海水中畅游的时候，还可以在专业人员的带领下潜入水中，寻访那神秘莫测的海底世界。

> **Tips**
> east of Phu Quoc Island

09 石山殿
当地渔民祈求出海平安的寺庙 ★★★★ 赏

建于1937年的石山殿地处Duong Dong River河口，是当地渔民每次扬帆出海前祈求平安的寺庙，现今这座已有80余年历史的寺庙不仅依旧是当地渔民祈求平安的宗教场所，而且也成为一处古朴的观光胜地。在石山殿前，游人不仅可以欣赏沙滩、大海和岩石构成的美景，还可以站在沙滩上，感受柔和的海风吹拂在身上的舒爽，充满浪漫风情。

> **Tips**
> Duong Dong River河口

10 安泰群岛
位于泰国湾上的群岛 ★★★★

安泰群岛位于越南的近海，泰国湾的边缘，由一系列风景秀美的小岛所组成。来到这里的游客可以在柔软的沙滩上漫步，也可以进行沙滩排球、沙滩足球等娱乐活动。海边礁石众多，站在巨石上看着汹涌澎湃的大海，不得不赞叹大自然的伟力，而奇妙的海底世界又让人赞叹不已。安泰群岛也是渔民生活的地方，游人可以跟随渔民出海，既能体验他们的传统生活方式，还能亲自捕捞海鲜。

Tips
south of Phu Quoc Island

11 芒街
中越文化交流的小镇 ★★★★

Tips
Mong Cai

芒街是越南北部靠近中国的一个小镇，和我国的防城港市遥遥相对。这里最著名的景点当然要数东南亚风情村，人们能在这里欣赏到越南、老挝、泰国、缅甸等国家的民族歌舞，了解它们原汁原味的民俗文化。此外，这里还有一处茶古海滩，海滩绵延数公里，沙质细白柔软，是一处深受人们喜爱的海滨浴场。

索引 INDEX
越南攻略

36条古街纪念馆	053

A
Au Manoir De Khai	123
安东市场	134
安泰群岛	211

B
Bat Trang制陶村	084
巴贝国家公园	100
巴马国家公园	152
白马寺	060

摆渡龙湾	098
宝库寺	155
保大3号避暑行宫	187
保山常塔	203
北河市集	103
滨城市场	121

C
Cam Chi Food Street	065
Caravelle旅馆	115
Cha Ca La Vong	067
Continental旅馆	117

草禽园	107
陈氏家祠	169
川布街103号老屋	172
川清保护区	209
春香湖	185

D

Dong Xuan市场	064
打鼓山宝塔	198
大叻电视塔	183
大叻花园	180
大叻火车站	181
大叻教堂	183
大叻市场	184
丹布里瀑布	192
堤岸	133
地碟国立寺	155
东巴市场	153

F

丰田水上市场	208
冯兴古宅	170
福安会馆	130
福建会馆	171
福隆咖啡堡	123
福清寺	175
妇女博物馆	063
富国岛	210
富国岛温泉	210

G

高台教大庙	136
古岱海滩	176
古芝地道	135
关公庙	175
观音寺	129
观音寺	182

H

Hang Da市场	062
Hoang Y	100
海南会馆	172
海云关	165
河粉2000	122

河内歌剧院	057	吉婆国家公园	097
河内西湖	080	吉仙国家公园	193
恒娥别墅	189	街岚水上市场	209
胡志明博物馆	072	金边市场	134
胡志明故居	073	旧东门	052
胡志明纪念馆	118	觉林寺	131
胡志明纪念堂	070	觉园寺	132
胡志明市博物馆	128		
胡志明市立歌剧院	116		
胡志明小道	192		
华庐监狱博物馆	061		
还剑湖	054		
皇家斗兽场	152		
会安古城老街	168		

J

吉婆岛	096

芒街	211
美奈海滩	202
美山占婆遗迹	177
明命王陵	150

N

南部妇女博物馆	125
宁平镇	088

P

Pho Oso	135
庞卡尔瀑布	191
普东水上乐园	202
普涟瀑布	188

Q

Quan An Ngon	066
启定王陵	149
情人谷	186

R

人民委员会总部	110
日本廊桥	170

军事博物馆	079

K

卡森战斗营	155
库风国家公园	086

L

La Mat养蛇村	089
浪平山	188
历史博物馆	059
历史文化博物馆	174
羚岛	206
龙海	138
龙山寺	197
陆龙湾	089
绿色棕榈艺廊	066

M

马里阿曼印度庙	125

天后庙	132
天姥寺	148
天依女神庙	199
统一府	111
头顿海滩	139
屯安海滩	155

V

Van Phuc丝绸村	087

W

王家艺术收藏博物馆	152
维多利亚快车	101
文庙	077
五行山	164

X

西贡河	106
西贡水上公园	108
西贡中央回教堂	121
下龙湾	092
岘港大教堂	158
香河航行	154
香料寺	085

S

沙巴恋爱市集	102
沙黄文化博物馆	174
绍治王陵	151
圣母玛利亚天主堂	113
圣若瑟教堂	056
石山殿	210
水上木偶剧院	058
顺化堡垒	142
顺化圣母玛利亚天后堂	155
嗣德王陵	151

T

叹息湖	190
陶瓷贸易博物馆	173
天道教教坛	207

医院洞穴	099
永隆水上市场	208
永木隧道	155
玉皇殿	124
玉山祠	055
阅是堂	147
越南国家美术馆	078
越南历史博物馆	119
越南美术馆	120
越南民族博物馆	076
越南艺廊	065
越南总督府	074

Z

占婆雕刻博物馆	160
占婆庙	203
战争遗迹博物馆	124
真武观	071
镇国寺	081
中国海滩	159
中央邮局	109
自由路	114
钻石购物中心	112

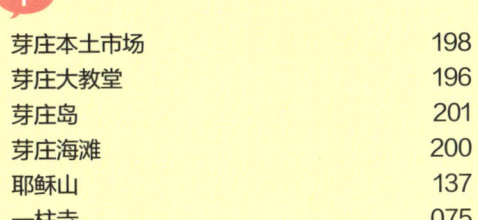

芽庄本土市场	198
芽庄大教堂	196
芽庄岛	201
芽庄海滩	200
耶稣山	137
一柱寺	075

图书在版编目（CIP）数据

越南攻略／《越南攻略》编辑部编著． -- 北京：华夏出版社有限公司，2020．1
ISBN 978–7–5080–9829–6

Ⅰ．①越… Ⅱ．①越… Ⅲ．①旅游指南－越南 Ⅳ．① K933.39

中国版本图书馆 CIP 数据核字（2019）第 171391 号

越南攻略

作　　者	《越南攻略》编辑部
责任编辑	杨小英
责任印制	刘　洋

出版发行	华夏出版社
经　　销	新华书店
印　　装	北京华宇信诺印刷有限公司
版　　次	2020年1月北京第1版　2020年1月北京第1次印刷
开　　本	720×920　1/16开
印　　张	13.75
字　　数	200千字
定　　价	58.00元

华夏出版社有限公司　地址：北京市东直门外香河园北里4号　邮编：100028
网址：www.hxph.com.cn　电话：（010）64663331（转）
若发现本版图书有印装质量问题，请与我社营销中心联系调换。

考拉旅行 乐游全球